CADWYR
Y CREAD

CADWYR Y CREAD

darluniwyd gan
Fay Austin

PAUL KERENSA A RUTH VALERIO
ADDASIAD CYMRAEG: HELEN DAVIES

I'n Cadwyr y Cread ni ein hunain:
Joseph a Phoebe,
Mali a Jemba.

Diolch i chi am ein cadw ar flaenau ein traed
ac am ein hysbrydoli.

———

Addasiad Cymraeg: Helen Davies
Golygydd Testun: Mair Jones Parry
Golygydd Cyffredinol: Aled Davies
Cysodi: Rhys Llwyd

Dymuna'r cyhoeddwyr gydnabod cymorth
Adran Grantiau Cyngor Llyfrau Cymru.

Cyhoeddwyd gan:
Cyhoeddiadau'r Gair
Ael y Bryn, Chwilog,
Pwllheli, Gwynedd
LL53 6SH.

www.ysgolsul.com

CYNNWYS

Cyflwyniad

Adnoddau

CYFLWYNIAD

Helo! Ruth ydw i. Rydw i wrth fy modd yn helpu pobol i ofalu am y byd rhyfeddol yma. Rydw i wedi darganfod bod gwneud hynny'n medru bod yn hwyl ac yn antur. Dyna pam rydw i'n awyddus i dy helpu **di**, wrth i ti ddarllen y llyfr hwn, i feddwl beth fedri di ei wneud i ofalu am y byd.

A Paul ydw i. Rydw i'n caru'r blaned hon. A dweud y gwir, rydw i'n meddwl yr arhosa i yma, ond rydw i'n trio gwella'r ffordd rydw i'n gofalu amdani. Mae ambell i beth rydyn ni fel teulu'n eu gwneud erbyn hyn a fydd, yn fy marn i, yn gwneud gwahaniaeth **MAWR** i'r byd bendigedig a alwn yn gartref.

Rydyn ni mor falch dy fod yn mynd i ddarllen y llyfr hwn. Mae gofalu am fyd Duw yn rhywbeth arbennig iawn ac, fel rydyn ni'n gwybod, mae'r oedolion wedi gwneud llanast o'r cyfan. Felly mae yma sialens yn dy wynebu: Cadwr y Cread – a fyddi **di** yn un?

Os nad wyt ti wedi meddwl llawer am ofalu am y blaned tan nawr, does dim ots – neu efallai dy fod wedi bod yn gwneud hynny ers blynyddoedd. Pa un bynnag wyt ti, beth rwyt ti'n wneud nawr sy'n bwysig! Fedri di ei wneud o? Rydyn ni'n meddwl y medri di!

Sut i fod yn Gadwr y Cread gwych, dyna yw cynnwys y llyfr hwn. Mae ynddo lawer o wybodaeth a llawer o syniadau am bethau y medri di eu gwneud – ar dy ben dy hun, yn yr ysgol, gyda'r teulu a gyda'r eglwys.

Cei gamu drwy'r llyfr o'i ddechrau i'w ddiwedd neu ei agor ar unrhyw dudalen sy'n dy ddenu.

Efallai yr ewch drwyddo fel teulu?

A'r bylchau ar y tudalennau? Dyma fylchau i ti eu llenwi! Tria! Dy lyfr *di* ydy hwn. Ysgrifenna bopeth rwyt ti'n wneud. Bydd gweld dy hunan yn gwneud cystal yn hwb i ti.

DARLLEN DIFYR – AC YNA ... GWNEUD Â GWÊN!

BANANAS

Wyt ti'n hoffi bananas? Dyma ffrwyth mwyaf poblogaidd y byd! (Iawn, **efallai** fod tomatos yn fwy poblogaidd – ond ydy tomatos yn ffrwyth? Fyddet ti ddim yn rhoi tomato mewn salad ffrwythau.)

Rydyn ni'n mynd yn bananas am fananas. Felly mae archfarchnadoedd yn trio eu gwerthu'n rhad. Roedd banana yn costio 18c; nawr mi fedrwch brynu un am 11c! Mae'r rhan fwyaf o'r pethau a brynwn ni yn codi yn eu pris dros amser. Mae pris bananas yn mynd i lawr! Mae hynna'n bananas.

18c – 11c = 7c. Felly pwy sy'n gweld colli'r 7c yna? Ffermwyr a gweithwyr yn y maes. Maen nhw angen yr arian yna. 100 biliwn x 7c = **LLAWER IAWN!**

Penderfynodd rhai archfarchnadoedd y bydden nhw'n archfarchnadoedd **ARBENNIG** a chytuno i brynu a gwerthu bananas **Masnach Deg**. Golyga hynny eu bod yn talu swm penodol i'r ffermwyr am eu bananas blasus (yn ogystal ag ychydig dros ben) – fel na fydd y ffermwyr ar eu colled.

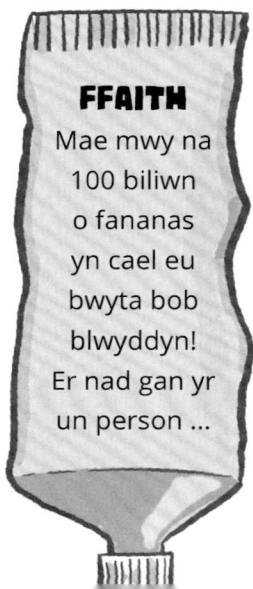

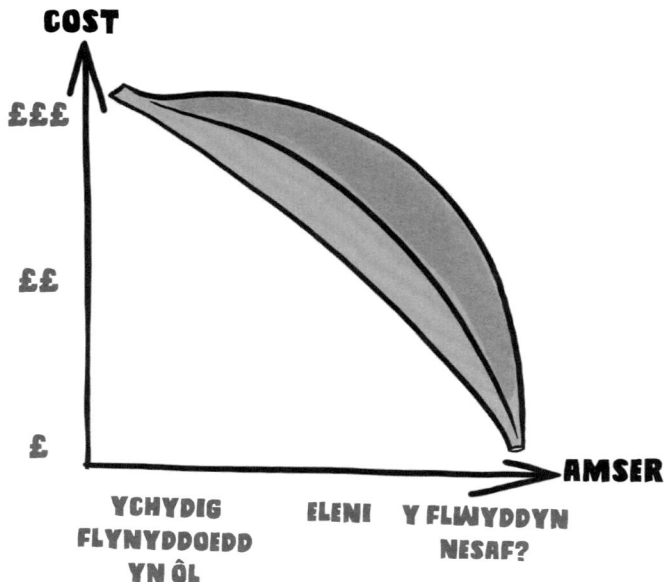

FFAITH

Mae mwy na 100 biliwn o fananas yn cael eu bwyta bob blwyddyn! Er nad gan yr un person ...

COST

£££

££

£

AMSER

YCHYDIG FLYNYDDOEDD YN ÔL

ELENI   Y FLWYDDYN NESAF?

Os ydy Duw am weld tegwch yn ein byd, ddylem ni ddim trio bod yn deg efo pawb? Mae'n swnio'n deg tydy?

Ond dydy rhai archfarchnadoedd **DDIM** yn gwerthu nwyddau Masnach Deg. Os nad ydy o'n Fasnach Deg, mi all fod yn **ANNHEG**! Yn arbennig felly os ydy o'n rhad iawn – mae'n bosibl nad ydy'r bobol sydd wedi sicrhau bod gynnon ni fananas yn ein dysglau ffrwythau wedi cael digon o arian i fyw arno.

Y CAMAU NESAF

• Os gweli di fananas neu siocled Masnach Deg ar werth, dewis nhw yn lle'r rhai sydd ddim yn Fasnach Deg. Efallai y byddan nhw'n costio ychydig mwy, ond bydd yr arian yn mynd i'r ffermwyr.

• Os nad ydy dy archfarchnad yn gwerthu bananas Masnach Deg, e-bostia neu ysgrifenna atyn nhw! Gest ti ateb? Cadw fo ar y dudalen hon i atgoffa dy hunan y medri di wneud gwahaniaeth.

• Ydy dy eglwys neu dy ysgol yn prynu ffrwythau weithiau? Ydyn nhw'n ffrwythau Masnach Deg? Gofyn hynny i'r rhai sy'n gyfrifol – efallai y gwnaiff iddyn nhw ddechrau meddwl.

O ble mae'r banana 'ma wedi dod? Paid â deud y siop!

Hmm ... tybed pa mor bell mae gweddill ein bwyd ni'n teithio?

COFNODA YMA

Pa nwyddau Masnach Deg fedri di ddod o hyd iddyn nhw yn yr archfarchnad leol?

Chwilia am fananas, siocled, te a choffi. Gwna restr yma o'r eitemau y doist o hyd iddyn nhw.

....

....

....

....

....

....

....

....

....

....

....

Welaist ti eitem Masnach Deg yn y siopau? Pryna fo, cadw'r label, a glyna fo ar y dudalen hon!

Tybed faint fedri di gasglu!

#2 PA MOR BELL?

Wyt ti'n adnabod y teitl hwn ('How far I'll go')? Cân ydy hi o'r ffilm *Moana*. Mae hi'n edrych ar y dŵr ac yn pendroni tybed pa mor bell yr aiff hi mewn bywyd, ond yn gyntaf ... mae hi'n canu. Mae hi ar ynys, felly does dim dewis ganddi ond cerdded os ydy o'n agos, neu hwylio os ydy o'n bell. Ond pa mor bell ydy pell i ti?

Ydy'r ysgol yn rhy bell i ti gerdded iddi? Beth am gartrefi dy ffrindiau? Y parc? Y siopau?

COFNODA YMA

Sut y byddi di fel arfer yn teithio'n lleol? Cerdded? Beicio? Gyrru? Bws? Trên?

Cwch efallai, os wyt ti ar ynys fel Moana!

Byddwn yn...i fynd i'r ysgol.

Byddem yn mynd i'r siopau trwy...

Byddwn yn...i gyrraedd tŷ ffrind.

I gyrraedd y parc agosaf byddwn yn.................................

Byddwn yn...i fynd ar wyliau.

Yn ein bywyd bob dydd, ydyn ni weithiau'n gwneud beth sy'n *gyfleus* yn lle beth sydd orau?

Hmm. 'Beth sydd orau.' Beth sydd orau i bwy? Fi a fy nhraed? Fy niwrnod prysur? Planed Duw?

Bob tro y byddwn yn gwneud taith fer mewn car, byddwn yn difwyno'r amgylchedd o'n cwmpas, trwy'r mwg ddaw o'r car. Mae ceir petrol a diesel yn rhyddhau nwyon gwenwynig – tua'r gwaethaf ydy pwff afiach o **fonocsid carbon**.

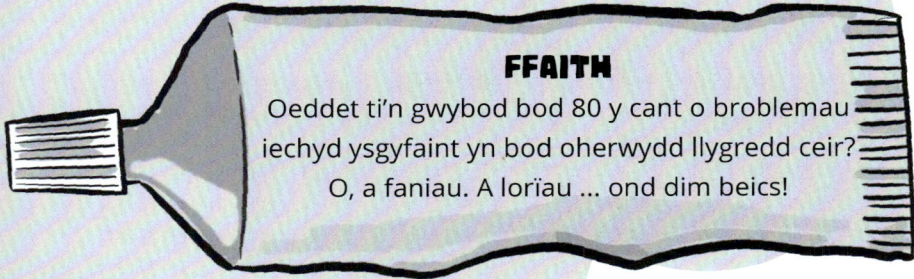

FFAITH

Oeddet ti'n gwybod bod 80 y cant o broblemau iechyd ysgyfaint yn bod oherwydd llygredd ceir? O, a faniau. A lorïau ... ond dim beics!

Pan fyddwn yn cerdded neu'n beicio, ychydig o effaith a gawn ar yr awyr o'n cwmpas (mae'n dibynnu beth fuon ni'n fwyta...). Gall cerdded a beicio siwrneiau byr fod yn gam bach i wneud gwahaniaeth **MAWR**. Mae pob siwrnai fach yn cyfri!

Edrych ar y rhestr ysgrifennaist ti. Oes unrhyw ffordd o deithio y gallet ti ei newid?

Rydw i wedi meddwl erioed bod yr ysgol yn rhy bell i gerdded iddi, ond rydw i wedi cael syniad ...

Na, dydw i ddim yn dy gario di ar fy nghefn fel sach o datws!

BETH FEDRA I WNEUD?

• Meddwl beth ydy 'taith fer'. Fel rydyn ni'n tyfu ydy'n syniad ni o'r hyn ydy taith fer yn newid?

• Tyrd yn ôl i'r dudalen hon mewn wythnos neu fwy. Fedri di newid rhai o'r geiriau ysgrifennaist ti i 'cerdded' neu 'beicio'? Efallai ei bod yn bosibl newid y ffordd rwyt ti'n mynd o gwmpas y lle ...

• Y tro nesaf y byddi di'n cerdded neu'n beicio, meddwl am dri pheth ar y daith na fyddet ti wedi'u gweld neu eu teimlo petaet ti mewn car. Noda nhw yma.

Tri pheth y sylwais arnyn nhw ar fy nhaith gerdded/feicio (na fyddwn wedi sylwi arnyn nhw mewn car):

....

....

....

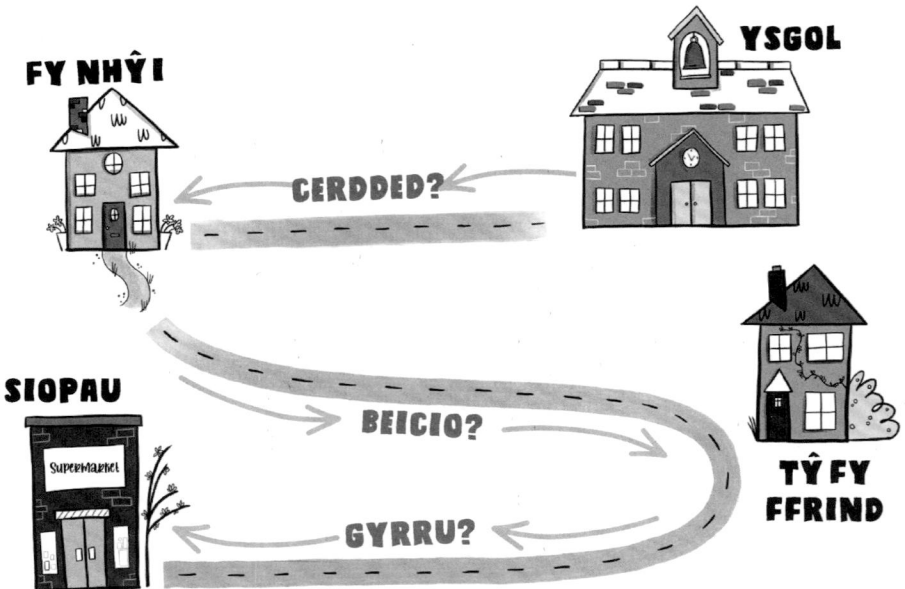

ANNWYL AS ...

Pwy ydy dy AS (hynny ydy dy Aelod Seneddol – y person a ddylai fod yn cynrychioli dy farn yn y Senedd)? Os wyt ti'n byw yng Nghymru, mae gen ti ddau AS, un yng Nghaerdydd a'r llall yn Llundain. Mae Aelodau Seneddol yn gafael mewn testunau sydd yn agos at galon pobol leol ac yn tynnu sylw atynt ar lawr y Senedd (Cymru) neu Tŷ'r Cyffredin (Llundain).

Chwilia am enw dy AS ac ysgrifenna fo yma:

....

Mi fedri ddod o hyd i'w cyfeiriadau neu eu cyfeiriadau e-bost ar wefan <https://members.parliament.uk> a gwefan Senedd Cymru. Ysgrifenna nhw yma:

....

....

....

....

Yna, ysgrifenna'r cyfeiriad o dy ddewis ar amlen. Neu gofyn i oedolyn dy helpu i ddechrau ysgrifennu e-bost i dy AS.

Mae'n iawn i ti ysgrifennu at dy AS! Efallai y byddi am roi gwybod iddo fo/hi pa newidiadau yr hoffet ti eu gweld yn lleol (ydy'r parc yn croesawu bywyd gwyllt – ynteu sbwriel?) neu'n genedlaethol (oes rhyw ymgyrch yr hoffet ti dynnu sylw ati?)

Beth am ymarfer ar y dudalen nesaf **OND** ysgrifenna fo eto i'w anfon yn iawn!

Dyddiad heddiw: ....

Annwyl .... *(Enw dy AS yma – bydd yn gwrtais!)*

(Cyflwyna dy hunan. Faint ydy dy oed di? I ba ysgol rwyt ti'n mynd? Mae AS yn hoffi clywed gan bobol leol!)

....

(Tynna sylw dy AS efo ffaith neu osodiad byr yn egluro am beth rwyt ti'n ysgrifennu – cadw at y testun!)

....

....

....

(Wyt ti wedi meddwl am ateb? Am beth rwyt ti'n gofyn? Beth fedri di awgrymu fel y peth gorau i'w wneud?)

....

....

....

(Beth hoffet ti ei weld yn digwydd rŵan? Fyddai'n bosibl i ti wahodd dy AS i siarad yn yr ysgol? Codi'r pwnc yn y senedd? Cefnogi ymgyrch?)

....

(Os hoffet ti dderbyn ateb, gofyn am un!)

....

(Yn gwrtais, ffarwelia ac arwydda dy enw)

....

Hei, efallai y byddi di'n AS ryw ddiwrnod ac yn derbyn llythyrau tebyg!

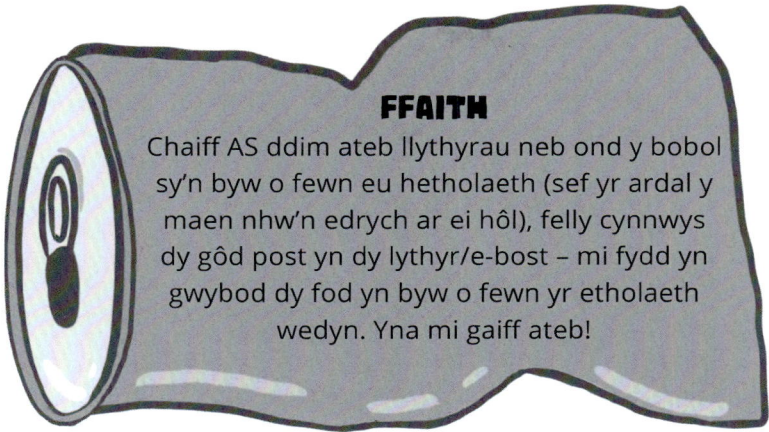

FFAITH

Chaiff AS ddim ateb llythyrau neb ond y bobol sy'n byw o fewn eu hetholaeth (sef yr ardal y maen nhw'n edrych ar ei hôl), felly cynnwys dy gôd post yn dy lythyr/e-bost – mi fydd yn gwybod dy fod yn byw o fewn yr etholaeth wedyn. Yna mi gaiff ateb!

Fedri di fy helpu efo rhai o'r geiriau mawr?

Wrth gwrs y medra i. Paid â'u hysgrifennu nhw mor fawr y tro nesa!

#4 GWISGA DY GÔT!

Oes gen ti gôt? Oes, ond ydy hi'n gôt DDA? Ydy hi'r math o gôt sydd yn gollwng dŵr braidd ac sydd heb fod yr un fath ers y lluwchio llynedd? Neu wyt ti'n lwcus ac mae hi'r math o gôt y medri di ei gwisgo'n eofn a mynd allan ynddi ym mhob tywydd – cawod neu storm, glaw mân neu genlli? Un hyfryd sy'n dal dŵr, yn barod am antur a chyffro, un felly rydw i'n feddwl!

A thra rydyn ni'n trafod y peth, oes gan bawb yn y teulu gôt dda? Oes rhywun yn barod am un newydd?

Ychydig flynyddoedd yn ôl, roedd gen i gôt. Doedd hi ddim yn gôt dda. Bob tro roedd hi'n bwrw glaw roeddwn i'n osgoi gwisgo fy nghôt – roedd hi braidd yn fach a'r dŵr yn dod trwyddi. Yna, ar fy mhenblwydd, prynodd rhywun gôt i mi. Un ddiddos sydd yn ddigon mawr ac yn ddigon cynnes ac yn ddigon sych! Rydw i wedi treulio mwy o amser yn yr ardd ac yn cerdded ers hynny.

Mae bod yn gyfforddus yn dy gôt yn golygu ...

• Er ei bod hi'n bwrw glaw, dydyn ni ddim yn gyrru i leoedd y gallem ni gerdded iddyn nhw. Beth ydy'r ots os ydy hi'n bwrw ar y ffordd i'r ysgol!

• Mi dreuliwn fwy o amser yn yr ardd neu mewn mannau awyr agored eraill yn yr ardal – waeth beth fo'r tywydd.

• Medrwn blannu, dringo, camu, palu, cyfri ymlusgiaid, gwylio adar, codi sbwriel, archwilio byd Duw, gofalu am fyd Duw ...

Mae'r rhestr yn ddi-ben-draw!

Ychwanega dy syniadau yma

....

....

....

O, a dysga fwynhau gwisgo dy bŵts hefyd. A siwmperi, os ydy hi'n oer. A chwpaneidiau o ddiod poeth pan ddown i mewn.

Bydd yn ofalus os wyt ti am sblasio yn y pwll dŵr yna.

Na, dw i'n meddwl y dylet TI fod yn ofalus os bydda i'n sblasio yn y pwll dŵr yna!

TACLUSO'R TRAETHAU

Mae Salm – hen gân – yn y Beibl:

> Gadewch i ni ganu'n llawen i'r Arglwydd ...
> Gadewch i ni fynd ato yn llawn diolch ... gweiddi a chanu.
> Fe sydd piau'r môr, am mai fe wnaeth ei greu;
> a'r tir hefyd, gan mai ei ddwylo fe wnaeth ei siapio.
> (Salm 95 beibl.net)

Os mai Duw wnaeth y môr, ac os mai ei ddwylo siapiodd y tir, yna mi fydd am i ni ofalu am y lleoedd hynny, cytuno? Petawn i'n gwneud rhywbeth, fyddwn i ddim am weld pethau sydd ddim yn perthyn iddo yn ei orchuddio.

Felly, dewisa'r diwrnod iawn – does dim rhaid i'r tywydd fod ar ei orau, dim ond yn ddiwrnod pan fo'r teulu'n rhydd – a **DOS I'R TRAETH!** Os ydy'r traeth yn bell i ffwrdd, oes yna lyn neu afon gerllaw?

Nid diwrnod i dorheulo mo hwn, O na, mae'n rhywbeth sy'n bodloni llawer mwy. **GLANHAU MAWR!**

Pan fo'r tir yn cyffwrdd y môr, mae pob math o bethau yn cael eu golchi ar y traeth.

FFAITH

Bob dydd, mae 8 miliwn o ddarnau o blastig yn cyrraedd ein moroedd, cyrraedd môr Duw! Nid gwneud llanast yn unig maen nhw, maen nhw hefyd yn lladd y creaduriaid sydd yn bywyn y môr. Mae hynny'n warthus!

Poteli plastig, bagiau plastig ... Efallai eu bod wedi cael eu golchi allan i'r môr ac wedi'u golchi i mewn wedyn. Faint fedri di eu casglu? Cod beth fedri di (bydd yn ofalus os oes darnau pigog!) a dos â'r cyfan i fin neu ganolfan ailgylchu. Byddi'n gwybod dy fod wedi helpu i lanhau yr hyn a wnaeth Duw, yr hyn a siapiodd efo'i ddwylo.

Fel y salm, efallai y medrwn ni ganu wrth fynd!

Cod cod cod cod sbwriel, cod 'chydig sbwriel i mi ...

Beth ddoist ti o hyd iddo ar y traeth? Ble rwyt ti'n meddwl y cychwynnodd ei daith? Ble rwyt ti'n meddwl fydd y cam nesa iddo nawr?

Des i o hyd i ...	Efallai iddo gychwyn ... *(defnyddia dy ddychymyg!)*	Y cam nesa fydd ...
Potel blastig	Mewn caffi ar y traeth yn Sbaen?	Fy nghanolfan ailgylchu lleol. Efallai y caiff ei gwneud yn botel arall!
....	....	....
....	....	....
....	....	....
....	....	....
....	....	....

CADWYR BYW Y CREAD

Dewch i gyfarfod Holly ac Isla (7)

Rydyn ni'n efeilliaid un ffunud, Holly ac Isla, ac rydyn ni'n saith mlwydd oed. Yn yr ysgol, o'r Dosbarth Derbyn ymlaen, rydyn ni wedi bod yn dysgu am newid hinsawdd a pha mor bwysig ydy amddiffyn a helpu i achub ein planed.

Rydyn ni'n dwy'n mwynhau nofio a'r traeth ydy ein hoff le. A dweud y gwir, mae ein mam yn ein helpu i ysgrifennu hwn tra rydyn ni ar wyliau traeth yng Nghernyw. Mae gweld sbwriel ym mhob man a gweld pobol yn gadael plastig untro, sydd mor niweidiol i'n hanifeiliaid ac i'r cefnfor, yn ein gwneud yn drist.

Byddwn yn codi sbwriel ar y ffordd pan fyddwn yn crwydro o gwmpas y lle. Rydyn ni hefyd wedi annog ein mam i agor siop dim-gwastraff lle rydyn ni'n byw, ac rydyn ni'n meddwl y dylai pob man gael un![1]

Siop dim-gwastraff ydy siop lle cewch ddod â'ch cynwysyddion eich hunan a'u llenwi efo bwydydd sych sylfaenol fel pasta a reis, a phethau glanhau angenrheidiol fel powdwr golchi a sebon dwylo. Mae'r rhain yn nwyddau eco-gyfeillgar sydd ddim yn niweidio'r blaned ac mae'n help i leihau gwastraff plastig yr un pryd.

Efallai ein bod ni'n fychan, ond rydyn ni'n poeni llawer am ein planed. Rydyn ni'n credu os y gwnaiff pawb newidiadau bach gartref trwy ailfeddwl, ailddefnyddio, ailddibennu ac ail-lenwi cyn ailgylchu, yna mi fedrwn i gyd wneud ein rhan i achub y blaned.

[1] Edrych ar <https://twinlarder.co.uk>.

#6 FFASIWN LANAST!

Does dim byd tebyg i chwalu a chlirio go iawn ... symud y teganau a'r dillad rwyt ti wedi tyfu ohonyn nhw. Maen nhw wedi dod â hapusrwydd a hwyl i ti – nawr gad iddyn nhw ddod â hapusrwydd i rywun arall!

Mae rhoi i siopau elusen – a phrynu yno hefyd – yn ffordd dda o wneud yn siŵr fod y gwastraff yn llai. Oes rhaid i'r tegan plastig yna fod yn un newydd sbon?

Cynllunia brynhawn, dweud wrth dy deulu – efallai y medran nhw ymuno hefyd. Mae'n amser cael gwared ar y crys gwyrdd ac oren yna, na ddylai erioed fod wedi dod i'r tŷ i ddechrau ...

Cofia fod siopau elusen eisiau pethau da. Mae'r pethau sydd yn y siop ar gyfer pobol eraill fydd yn eu prynu ac yn eu defnyddio, felly mi ddylem ni ofalu am ein pethau ac yna eu rhoi i siop elusen neu i ffrindiau fyddai'n medru eu defnyddio, ar gyfer plant sydd yn iau na ni hwyrach.

Pa eitemau rwyt ti wedi dod o hyd iddyn nhw wrth chwalu a chlirio? Beth fedrai ddigwydd iddyn nhw nesaf?

Fi oedd biau ...	Nesaf, medrai fynd i ...
Siwmper streipiog	Fy nghymydog sydd yn hoffi dillad cynnes, ffynciog!
....	....
....	....
....	....
....	....

Beth am nwyddau nad ydy'r siopau elusen eu heisiau? Mae rhai'n cael eu gwerthu dramor, yn aml i wledydd Affrica fel Kenya, Ghana a'r Arfordir Ifori. Mae'n bosibl i ddillad o ansawdd da gael eu gwerthu am bris teg, gan ofalu am weithwyr Affrica. Er hynny, os anfonwn hen ddillad sâl dramor, mae'n bosibl i hynny niweidio busnesau dillad lleol gan y bydd ganddyn nhw lwythi o ddillad na wyddan nhw ddim beth i'w wneud efo nhw. Mae hefyd yn amharu ar werthiant y dillad maen nhw wedi'u gwneud eu hunain!

Hmmm ... Felly, be ddylem ni wneud?

Mae rhoi i siop elusen yn dal yn beth da i'w wneud, ond gwell byth ydy PRYNU mewn siop elusen!

Felly ...

- Mi fedr dillad o ansawdd da fynd i siop elusen.

- Dillad heb fod o ansawdd cystal (neu dywelion a chynfasau) i fynd i'w hailgylchu i fanc dillad/tecstiliau (mae'n bosibl fod rhai ym maes parcio eich archfarchnad).

- *Ni ddylid byth daflu deunydd!*

Mae llawer o egni'n cael ei ddefnyddio i wneud dillad, felly gadewch i ni eu defnyddio nhw.

Os gwnawn ni brynu'n ail-law (ac edrych ar ôl ein dillad a'n teganau), rydyn ni'n trysori beth sydd gennym ni ... a dydyn ni ddim yn boddi gwledydd eraill efo'n sbwriel!

COFNODA YMA

Siarad efo gweddill dy deulu a hola o ble maen nhw'n cael eu dillad – a beth maen nhw'n ei wneud efo nhw pan fyddan nhw wedi gorffen efo nhw.

....

....

....

....

....

....

Ble mae dy fin di?

Dw i'n binio yn yr ardd.

Na, ble mae dy WHEELIE bin di?

Dw i weally yn binio yn yr ardd!

Yn ystod yr wythnosau nesaf rwyt yn mynd i gael brwydr y biniau. (Paid â phoeni – fydd yna ddim llanast.) Rwyt ti'n mynd i frwydro yn erbyn y mwyaf cyfartal o dy holl elynion ... ti dy hunan.

Yn eich tŷ chi, sawl bag bin wyt ti'n meddwl rydych chi'n eu defnyddio mewn wythnos?

Rho dy ddyfaliad yma: ....

Rydw i'n siŵr dy fod yn ailgylchu pan fedri di – rwyt ti'n 'Gadwr y Cread' – ond bob amser mae yna bethau yn cyrraedd y bin mawr llwyd (neu'r lliwiau eraill sydd ar gael), pethau rydyn ni'n eu galw'n **SBWRIEL**.

Ond beth os gwnawn ni wrthod defnyddio **SBWRIEL**? Fedri di wella ar dy nifer o fagiau bin?

Gwna siart i'w roi wrth y drws lle rwyt ti'n mynd â'r bagiau bin allan. Gofyn i dy deulu roi '1' ar y siart bob tro maen nhw'n mynd â bag bin allan, neu ddweud wrthyt ti ac mi gei di lenwi'r siart.

NIFER Y BAGIAU BIN

Wythnos 1: ....

Wythnos 2: ....

Wythnos 3: ....

Mi gei ddal i gyfrif ar ôl Wythnos 3 os wyt ti'n dymuno.

Fedri di wella bob wythnos? Beth wyt ti'n daflu fwyaf?
Beth fedri di wneud i newid hynny?

Mi fyddwn yn siŵr o daflu rhai pethau, ond gad i ni roi sialens i ni'n hunain i daflu cyn lleied â phosibl. Wrth wneud hynny, rydyn ni'n parchu planed Duw trwy beidio â llenwi safleoedd tirlenwi.

RHYWBETH ARALL I FEDDWL AMDANO ...

Does neb yn casglu sbwriel **DWY BILIWN** o bobol y blaned. Dos i ymweld â <www.bintwinning.org> i weld beth fedri di ei wneud i helpu. Tala i 'twin your bin' ac mi gei dystysgrif a llun o'r casgliad sbwriel rwyt TI wedi helpu talu amdano. Mae'n cadw pobol yn iach a glanwaith ac yn cadw eu strydoedd yn lân.

GWENU AR Y GWENYN

Yn y Beibl (Genesis 2, os wyt ti eisiau gwybod) mae o'n dweud, yn union ar y dechrau, bod Duw wedi rhoi person yn yr ardd i weithio a gofalu amdani.

Mae hynny'n golygu ein bod ni i gyd wedi cael ein gwneud yn arddwyr a'n bod i ofalu am y tir o'n cwmpas!

Tybed a oes gan dy ysgol di randir? Darn o dir i dyfu llysiau? Gardd wyddoniaeth? Rhywle y medrwch **DYFU** pethau? Efallai fod lle yn dy gartref di? Dy eglwys? ('Annwyl arweinydd yr eglwys ... Fyddech chi'n ystyried cael rhandir eglwys ...?')

Rydyn ni'n gwybod ei fod yn beth da i fod yn gyfeillgar. Oeddet ti'n gwybod hefyd ei fod yn beth da i fod yn ffrindiau efo'r gwenyn? Ac yn ffrindiau efo'r pili-pala? Rydyn ni angen gwenyn a pili-pala oherwydd y nhw sydd yn peillio'r planhigion ac felly'n gwneud i fwyd dyfu. Hebddyn nhw (a gwenyn meirch a phryfed hofran) fydden ni ddim yn medru tyfu bwyd na chael gwahanol fathau o fwydydd. Maen nhw'n hardd hefyd, ac mi fyddai'r ardd yn ddiflas hebddyn nhw!

O diar, mae'r rhan fwyaf o fy ngardd i o dan slabiau concrit ond mi blanna i a thyfu be fedra i a ble medra i!

Bocsus ar silff ffenestr, planhigion mewn potiau, blodau mewn borderi a thybiau ... Mi fedrwn wneud LLAWER i ddenu pethau hedegog i'n suo ni.

Gofyn yn dy ganolfan arddio leol neu chwilia am 'blanhigion gwenyn-gyfeillgar' ar <www.ecosia.org>. (Rwyt ti wedi clywed am Google? Mae Ecosia yn gwneud rhywbeth tebyg – yn chwilio'r rhyngrwyd i ti – ond mae'n plannu coed. Mwya'n y byd mae pobol yn chwilio arno, mwya'n y byd o goed sy'n cael eu plannu. Wow!)

GWENYN YN GWAU EU FFORDD

Pa wenynen sy'n gwibio i ba flodyn?

LAFANT **PROTEA** **PENLAS YR ÎD**

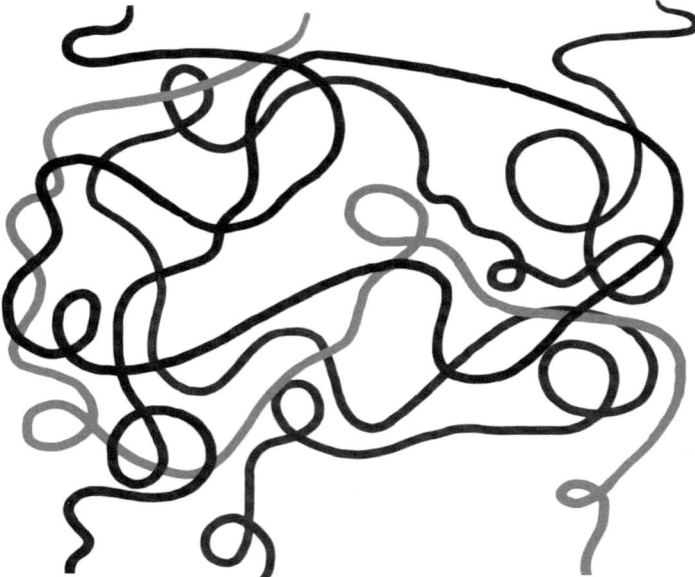

A **B** **C**

LLYSIAU ...
A MWY O LYSIAU!

Ym mhennod gyntaf y Beibl, mae Duw yn dweud, 'Edrychwch. Dw i wedi rhoi'r planhigion sydd â hadau a'r ffrwythau ar y coed i gyd, i fod yn fwyd i chi.' Dyma ffordd Duw o ddweud ... **'BWYTA DY LYSIAU!'**

Maen nhw'n flasus.

Mae sôn am fwyta cig yn dod yn ddiweddarach yn y Beibl, ond yng ngardd Eden, yn y darlun perffaith y mae'r Beibl yn ei greu i ni ... bwyta llysiau sydd orau.

Mae'n dda i ni ac mae'n dda i'r blaned. Mae angen **LLAWER** o egni i gynhyrchu cig. Fedri di gredu bod angen tua **8 kilo o rawn** a – coelia hyn – tua **15,415 litr o ddŵr** i gynhyrchu **dim ond 1 kilo o gig eidion!**

Felly ...

- Os wyt ti'n bwyta cig, tria fwyta llai ohono. Fedret ti ddechrau trwy fwyta un neu ddau (neu bump neu chwech ...) pryd yr wythnos heb gig?

- Os wyt ti'n bwyta cig, pryn o gan bobol sydd yn gofalu am eu hanifeiliaid. Rhydd, wedi cael gofal da ... Mae gofalu am anifeiliaid yn rhan o'r gwaith roddwyd i ni gan Dduw!

- Siarad efo'r eglwys am i unrhyw brydau a baratoir yno fod yn '#defaultveg'.

Mae 'default' yn golygu yr hyn a wnawn yn arferol. Felly '#defaultveg' ydy ymgyrch i gynnwys cig dim ond pan mae rhywun yn gofyn amdano.

O, felly mae fy ystafell i'n arferol flêr? Deall!

25

	Llysieuyn	**Faint rydw i'n ei hoffi** (marciau allan o 10)
Llysieuyn oren		
Llysieuyn sy'n tyfu yn y ddaear		
Llysieuyn sy'n edrych fel coeden fach		
Llysieuyn sy'n dechrau efo 'P'		
Llysieuyn sy'n uchel mewn protein (edrych ar y paced)		
Llysieuyn sy'n medru bod yn goch		
Llysieuyn maint dy ben!		
Llysieuyn mor fach fel dy fod angen 100 i dy lenwi di		
Llysieuyn sy'n – sniff – sy'n medru gwneud i ti grio		
Llysieuyn y byddet ti, efallai, yn ei fwyta efo dy ginio Nadolig		
Llysieuyn sy'n aml iawn i'w gael mewn tun		
Llysieuyn mewn haenau		
Y llysieuyn mwyaf blasus!		

CROESO!

Oeddet ti'n gwybod bod un o bob 110 person yn y byd yn ffoadur neu yn geisiwr lloches neu yn methu mynd yn ôl adref? Efallai fod teulu'n byw yn yr un stryd â thi, neu yn yr un ysgol neu eglwys, sydd yn yr union sefyllfa yma. Roedd teulu Iesu yn ffoaduriaid. Ac Abraham hefyd. Mae'r Beibl yn LLAWN o ffoaduriaid ac mae'r byd felly heddiw hefyd.

Wyt ti'n rhoi croeso cynnes iddyn nhw?

Mae'r Beibl yn dweud, 'Meddyliwch am bobl eraill gyntaf, yn lle dim ond meddwl amdanoch chi'ch hunain' (Philipiaid 2.4). Os ydyn ni'n mynd i fod yn Gadwyr y Cread, mae hynny'n golygu parchu'r bobol sy'n rhannu'r blaned efo ni hefyd.

> Mae bachgen newydd yn fy nosbarth i sy'n siarad Arabeg. Dydw i ddim wedi dweud helo wrtho fo eto.

> Mi fedret ti ddweud croeso. Tria **ahlan wa sahlaan**. 'Croeso' mewn Arabeg ydy ystyr hynny.

RHESYMAU DROS FFOI

Dydy pobol ddim yn dewis bod yn ffoaduriaid. Felly pam mae o'n digwydd?

Weithiau maen nhw'n ffoi i osgoi trais. Efallai fod eu gwlad yng nghanol rhyfel a dydy hi ddim yn ddiogel iddyn nhw aros. Neu efallai nad oes ganddyn nhw gartref yno bellach. Weithiau mae newid hinsawdd wedi golygu bod cymunedau cyfan yn symud. Mae rhai pobol yn symud oherwydd eu cred – efallai eu bod yn Gristnogion, Mwslim neu unrhyw grefydd arall ac nad oes croeso iddyn nhw yn y wlad lle maen nhw'n byw.

Y CAMAU NESAF

Pe byddai plentyn o ffoadur yn dod i dy ysgol di, sut y medret ti wneud iddo fo/hi deimlo'n gartrefol?

(Helpu gydag offer ysgol? Pecyn croeso ysgol? Gwahoddiad i ddigwyddiad?)

....

....

Mae llawer o ffoaduriaid mewn gwersylloedd ffoaduriaid ar draws y byd – yn ddigartref ac yn ansicr ble i fynd nesa. Beth fedret ti wneud i'w helpu?

(Gweddïo drostyn nhw? Ysgrifennu llythyrau iddyn nhw? Darganfod mwy am fywyd mewn gwersyll ffoaduriaid?)

....

....

TAFLU'R TANWYDD? NA!

Ers i Dduw greu pobol, creodd danwydd i'n cadw ni i fynd. Bwyd, bwyd bendigedig! Rydyn ni wrth ein bodd efo fo, ond rydyn ni'n mwynhau gormod arno ...

Yn y D.U. mae TRAEAN y bwyd yn cael ei daflu. Dydy o ddim yn cyrraedd ceg hyd yn oed (ond ceg y bin). Mewn geiriau eraill, mae yr un peth â ...

- **4.5 MILIWN tunnell – dyna bwysau 1 miliwn o eliffantod!**

- **10 BILIWN o brydau, digon i fwydo pawb o'r enw Dave yn America am flwyddyn. (Wn i ddim pam y byddet ti eisiau gwneud hynny. Wyt ti'n cael parti Dave?)**

Y newyddion da? Rydyn ni'n gwella. Rydyn ni'n taflu ychydig llai nag oedden ni. Y newyddion drwg? Rydyn ni'n dal i daflu **YR HOLL FWYD YNA** i'r bin! Mae'n olion traed carbon yn **ANFERTH** ac yn ddibwrpas. Mae'r holl wastraff bwyd yn bwydo newid hinsawdd, sy'n gwneud bywyd yn fwy anodd i bobol ar draws y byd sy'n byw mewn tlodi. Mewn byd lle mae cymaint yn newynu, fedr gwastraffu bwyd ddim bod yn iawn.

Felly beth am i ni stopio.

BETH FEDRA I WNEUD?

Y cam cyntaf ydy ymwneud mwy efo bwyd y cartref. Mae hynny'n golygu Y Siopa a'r Coginio.

Meddwl am y tri pheth yma pan fyddi di'n meddwl am fwyd.

- Beth petaem ni'n prynu dim ond beth rydyn ni angen? Fedrwch chi gynllunio prydau yn well? Efallai defnyddio bwrdd gwyn neu gynllun bwyd wythnosol?

- Cael un pryd wythnosol yn 'bryd gweddillion', pan fyddwch chi'n gwneud eich prydau allan o'r hyn sydd angen ei fwyta ac sydd ar ôl yn yr oergell. Byddwch yn greadigol – pa fath o brydau fedrwch chi eu creu?!

- Cofiwch fod dyddiadau 'Best before' yn wahanol i 'Use by'. Efallai fod bwyd AR EI ORAU CYN ryw ddyddiad arbennig … ond mi fedrwch ei DDEFNYDDIO fo ERBYN dyddiad hwyrach! (Ond os ydy'r twb o hufen yn arogli fel hen sanau, y tro nesaf bwytwch o'n gynt neu peidiwch â phrynu cymaint!)

AILDDEFNYDDIO BWYD – BETH AM DRIO'R SYNIADAU GWYCH YMA?

Beth?	Beth i'w wneud efo fo?	Sut flas?
Banana frown	Bara banana/crempog/cacen	
Llysiau ddoe	Cawl heddiw	
Hen salad	Coginia fo	
Bara sych	Briwsion bara ar ben y cinio	

30

O'R GIÂT I'R PLÂT

Fyddet ti'n rhoi mefusen ar sedd mewn awyren?

Gwirio i mewn asbaragus ar awyren o Periw i Fanceinion?

Cynnig pryd i deulu o ffa gwyrdd ar fwrdd awyren? ('Rydyn ni'n hapus i weini arnoch ... O diar, rydyn ni'n wir yn eich gweini ... chi!')

Mwy na thebyg na fyddet ti, ond mae'r tair eitem yma o fwyd ymysg y rhai sy'n teithio fwyaf yn y byd! Efallai nad wyt wedi teithio dramor ers amser, ond rwyt ti'n bwyta dramor LAWER IAWN.

Yng Ngardd Eden, mae Duw yn rhoi bwyd i ni. Mae yna reit ar y cychwyn (wel mi fydden ni wedi mynd yn llwglyd yn fuan iawn oni bai am hynny). Felly mi ddylem ni fwynhau ein bwyd, yn sicr. Dylem werthfawrogi ein bwyd fel rhodd gan Dduw, O dylem! Ond ddylem ni weld bwyd dim ond fel cyfleustra? Pob bwyd posibl, yna pan fyddwn ei angen o? Nid dyna oedd y cynllun gwreiddiol, ond mi ddysgon ni sut i hedfan a sut i hedfan bwyd.

Dydy rhai bwydydd ddim yn tyfu mor hawdd ar rai tymhorau, felly os wyt ti eisiau afalau yn yr haf neu fafon yn y gaeaf, efallai y bydd yn rhaid i ti eu hedfan o wledydd eraill. Mi fyddan nhw'n dod wedi'u lapio mewn llawer o blastig, plastig y byddwn ni'n ei daflu i ffwrdd. Felly, edrych i weld o ble mae dy fwyd yn dod a phryna'n lleol ac yn ei dymor lle bo hynny'n bosibl.

Hmmm ... Dw i'n gwybod bod awyrennau'n hedfan yn cael effaith fawr ar yr amgylchedd. Sut medra i stopio fy mwyd rhag cael cymaint o wyliau?

Mi fedrwn ni brynu'n lleol pan yn bosibl. Mi fedrwn hyd yn oed fynd yn lleolach a thyfu bwyd gartref, yn yr ardd! (A nac ydy, dydy 'lleolach' ddim yn air ...)

Y CAMAU NESAF

- Mi fedret ti gael sgwrs efo oedolion ynglŷn â newid beth rwyt ti – a nhw – yn ei fwyta.

- Dysgu ar lein beth sydd fwyaf tebygol o gael ei dyfu'n lleol.

BWYD O BLE?

Am yr wythnos nesaf, ar y dudalen nesaf, fedri di ddangos ar y map o ble mae dy fwyd wedi dod? Beth sydd wedi teithio bellaf? Oes yna ddewis lleol y medret ti ei gael y tro nesaf?

Gweithgaredd gwych y ffordd yma!

MARCIA'R MAP YMA

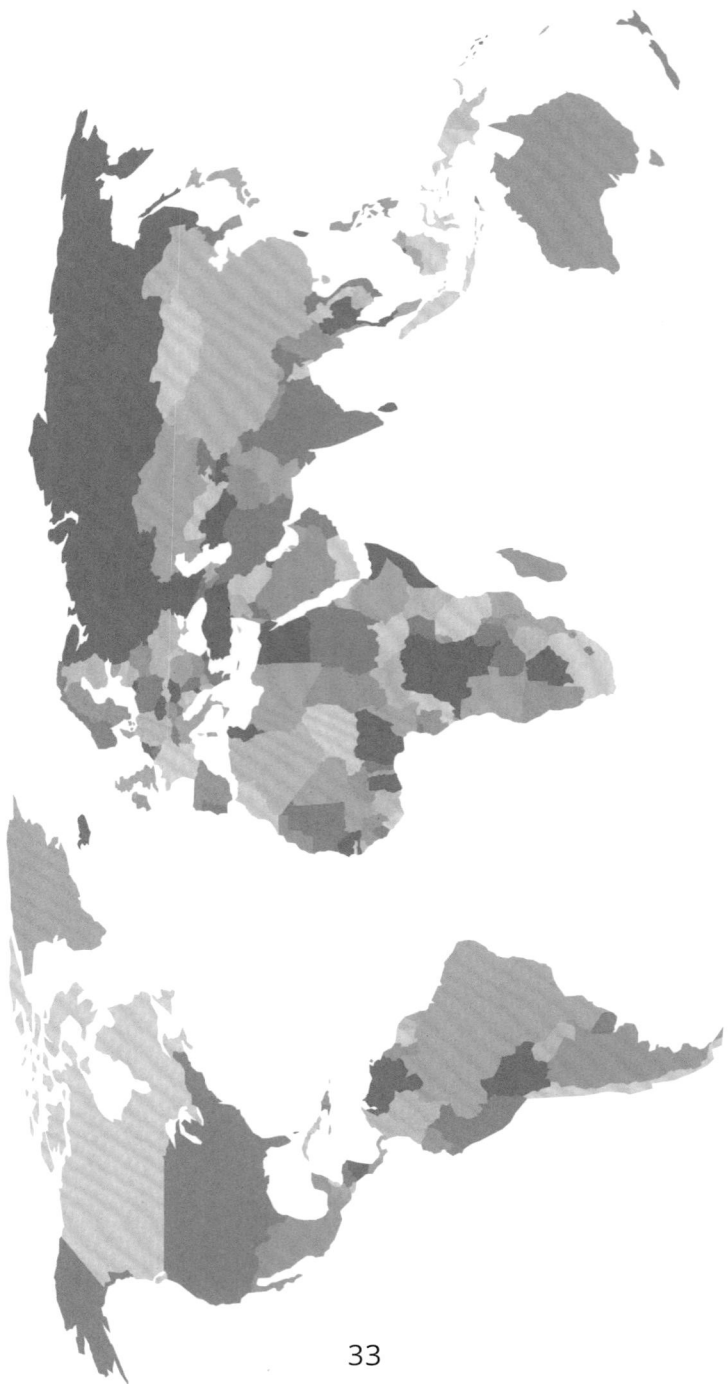

13 CAWOD SYDYN

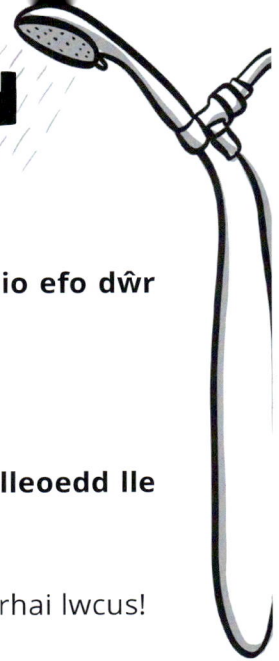

Oeddet ti'n gwybod bod:

- **71 y cant o'r Blaned Ddaear wedi'i gorchuddio efo dŵr (mi ddylem ni ei galw'n Blaned Ddŵr ...)**

- **60 y cant o'n cyrff ni yn ddŵr**

- **60 y cant o boblogaeth y byd yn byw mewn lleoedd lle nad oes digon o ddŵr cynaliadwy**

Felly os oes gen ti ddŵr yn y tap ... rwyt ti'n un o'r rhai lwcus!

Dydw i ddim yn hoffi bath na chawod.

Dw i'n gwbod ... hynny ydy, mae fy nhrwyn i'n gwbod.

Mae'r person cyffredin yn defnyddio 980 litr o ddŵr YR WYTHNOS! Mae hynny tua saith llond bath.

A sôn am fath ... wyt ti'n cael bath neu fyddi di'n cael cawod? (Dim ond cadach ar dy wyneb pan gofi di? Y mochyn!)

Mae cael cawod yn defnyddio llai o ddŵr na chael bath (cyn belled nad wyt ti'n sefyll ynddi am 20 munud) ac, fel y medri ddweud, dydyn ni yn y llyfr yma ddim yn hoffi gwastraff, felly'r cyngor ydy i gael cawod ac nid bath.

Mi fedret ti amseru dy hunan hefyd – pwy sy'n cael y gawod fyrraf yn eich tŷ chi?

Mae'n bosibl cael pen cawod sydd yn arbed dŵr ac a fydd yn arbed HYD YN OED mwy o ddŵr. Cau y tap pan fyddi'n glanhau dy ddannedd hefyd – mae pob diferyn yn cyfrif.

Fydd arbed dŵr yn y D.U. ddim yn help i arbed dŵr mewn gwledydd pell ... ond erbyn y flwyddyn 2050, efallai na fydd gan rannau o'r D.U. ddigon o ddŵr i bawb. Os na fyddwn yn defnyddio'n dŵr yn well!

Fel POB rhan o greadigaeth Duw, mae dŵr yn rhodd o fywyd. Gad i ni ei ddefnyddio'n dda!

CADW COFNOD DŴR

Enw'r person	Sawl bath	Sawl cawod
Dad	1, angenrheidiol!	6
Chwaer	0	7, gan gynnwys un hir iawn (yn canu)
Brawd	7	0 – mae'n bryd dechrau cael cawod

14 EFFEITHIO AR WAITH YR EGLWYS, RHAN 1

Wyt ti'n mynd i eglwys neu gapel?

Ydy'r arweinwyr yno'n siarad am barchu planed Duw? Efallai y medret ti siarad efo nhw am hynny – hwyrach y gwnân nhw siarad wedyn am sut y medrwn ni fel eglwysi wneud mwy i ofalu am y byd hyfryd a alwn ni yn gartref.

Mae ffyrdd eraill y medri di helpu dy gapel/eglwys i gymryd byd Duw o ddifrif – oherwydd nid adeilad yn unig ydy eglwys … ond y bobol!

Felly sut y medri di gael y bobol i feddwl mwy am ofalu am y byd a'r pynciau sy'n dy boeni di, o newid hinsawdd i lygredd a'r rhywogaethau sydd mewn perygl?

Wel … wyt ti wedi arwain gweddïau yn yr eglwys?

Efallai ei fod yn teimlo fel rhywbeth dychrynllyd iawn i'w wneud os nad wyt ti wedi gwneud o'r blaen, ond gofyn i oedolion ymuno os ydy hynny'n haws. Fedrech chi fel teulu ofyn am gael arwain y gweddïau ryw wythnos?

Yna gwna'n siŵr dy fod yn gweddïo gweddïau MAWR yn uchel am y pynciau rwyt ti'n poeni amdanyn nhw. Fod Duw yn ein helpu i ofalu am y greadigaeth gyfan. Ein bod i gyd yn gwneud newidiadau yn ein bywyd er gwell. Y dylem ni feddwl mwy am y plastig a daflwn i ffwrdd. Ein bod yn gofalu am fywyd gwyllt.

Meddwl am y pynciau gwyrdd mawr rwyt ti'n poeni mwyaf amdanyn nhw a rhestra nhw yma fel pwyntiau gweddi.

....

....

....

....

....

....

....

....

....

Yyym! Gawn ni weddïo gartref yn dawel yn lle hynny?

Mi fedrwn ni, ond meddylia ... os gwnawn ni arwain gweddïau yn yr eglwys ... bydd Duw'n gwrando, a phobol eraill hefyd! Efallai eu bod nhw angen clywed beth sydd gynnon ni i'w ddweud.

POTELI A MWY O BOTELI

Rydyn ni i gyd wedi cael dyddiau allan ac eisiau diod. Mi fedrai fod yn yr ysgol neu'n ddiwrnod allan mewn sŵ neu ffatri gwneud poteli (annhebygol, ond dwyt ti byth yn gwybod).

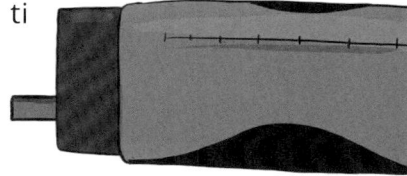

Allan o beth fyddi di'n yfed? Potel!

Pa fath o boteli dŵr sydd gynnoch chi yn dy deulu di? Gwna'n siŵr fod gan bob un ohonoch chi botel ddŵr ail-ddefnydd a gwnewch gytundeb efo'ch gilydd. NAWR! Wnewch chi byth … bythoedd … eto brynu potel ddŵr blastig i'w defnyddio unwaith.

Plastig ydy un o'r pethau mwyaf rhyfeddol erioed a hefyd un o'r pethau gwaethaf rydyn ni wedi'i wneud i'r cartref crwn, hyfryd yma y mae Duw wedi'i roi i ni. Mae o YM MHOBMAN! Rydyn ni'n cael bwyd a diod wedi'u pacedu ynddo fo. Mae danfoniadau ar lein yn aml yn cyrraedd ynddo fo. Mae hyd yn oed ein plastig weithiau yn cael ei ddanfon mewn plastig.

PWYNTIAU DI-BLASTIG

Dos o gwmpas dy gartref. Tria bob ystafell. Rho **UN PWYNT** i ti dy hunan am bob ystafell sydd **HEB BLASTIG** ynddi. Sawl pwynt gest ti?

Ysgrifenna fo yma: ....

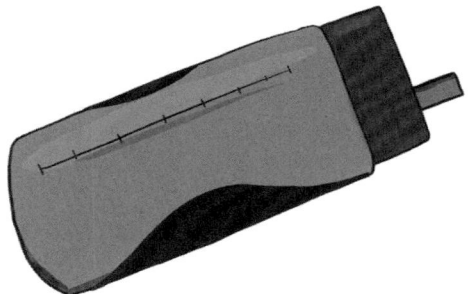

Oes angen gweithio arno fo? Tyrd yn ôl at y dudalen yma mewn ychydig wythnosau a chyfra eto'r ystafelloedd di-blastig.

Rho dy ateb newydd yma: ....

Unrhyw welliant?

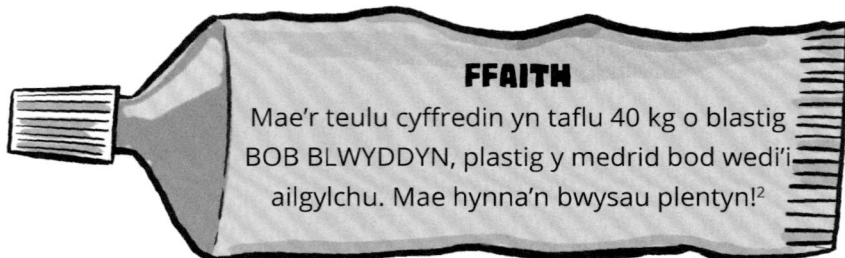

FFAITH

Mae'r teulu cyffredin yn taflu 40 kg o blastig BOB BLWYDDYN, plastig y medrid bod wedi'i ailgylchu. Mae hynna'n bwysau plentyn![2]

Does dim angen prynu potel i'w defnyddio unwaith (ych). Hyd yn oed os wyt ti'n rhoi potel defnydd unwaith (ych) i'w hailgylchu, dydy o'n dal ddim yn beth da i'n planed hyfryd.

Mae defnydd unwaith yn troi'n sbwriel yn fuan IAWN.

A beth ydy defnydd hynny?

[2] Peidiwch â thaflu plastig na phlant i ffwrdd. Ailgylchwch y plastig a gadewch y plant ble maen nhw.

16 MONITOR YNNI

Efallai y sylwi fod dau focs clo gwyn yn sownd i dy dŷ di. Yn nhai rhai pobol maen nhw y tu mewn i'r tŷ ond yn ein tŷ ni maen nhw'n sownd i'r gwaith brics wrth ffenestr y toiled lawr grisiau. Tu mewn i bob un mae peiriant sy'n araf gyfri rhifau ar i fyny.

Dyma ein mesurwyr nwy a thrydan. Mae un yn dweud wrth y cwmni nwy faint o nwy rydyn ni'n ei ddefnyddio ac mae'r llall yn gwneud yr un peth efo'r trydan. Yna maen nhw'n codi'r swm cywir o arian arnon ni (ond maen nhw hefyd yn wych am wirio nad ydan ni'n defnyddio gormod).

Bob ychydig fisoedd, mae'r cwmnïau nwy a thrydan yn anfon e-bost aton ni yn gofyn i ni ddarllen y mesurydd – er mwyn gadael iddyn nhw wybod faint o ynni rydyn ni'n ei ddefnyddio. Roedd y cwmnïau ynni yn arfer anfon pobol o gwmpas i wirio ... yna'n gofyn i ni ei wirio ein hunain ... a rŵan, yn ein tŷ ni, y plant sydd yn gwneud y gwirio. Maen nhw'n ysgrifennu'r rhifau i lawr yn ofalus ac rydyn ni'n gadael i'r cwmnïau ynni wybod (gallai oedolyn ail-wirio'r rhifau – neu efallai y byddwch yn talu'r swm anghywir am eich ynni!).

Efallai mai mesurydd allwedd sydd gynnoch chi. Cadw olwg ar pa mor aml mae'r oedolion yn ei lenwi ac edrych i weld pa mor araf y medrwch chi ddefnyddio'r ynni cyn gorfod ei lenwi eto.

Mae gwirio yn gyson yn ein helpu i feddwl trwy'r amser am y nwy a'r trydan rydyn ni'n ei ddefnyddio. Mwya'n y byd o ynni a ddefnyddiwn ni, mwya yn y byd o fwg afiach all gael ei ollwng i'r amgylchedd.

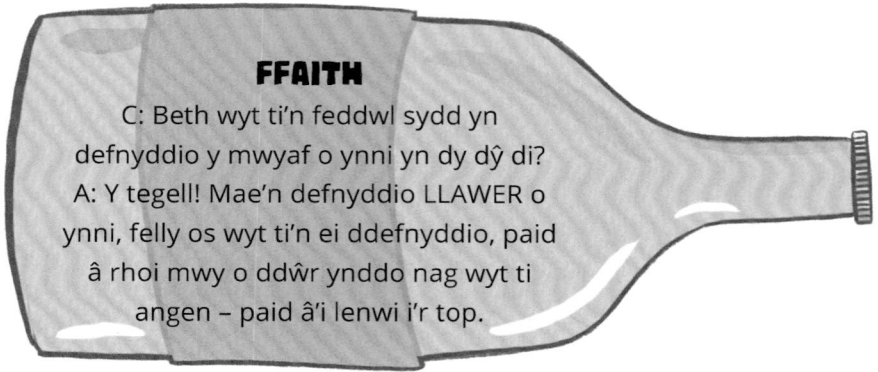

FFAITH

C: Beth wyt ti'n feddwl sydd yn defnyddio y mwyaf o ynni yn dy dŷ di?
A: Y tegell! Mae'n defnyddio LLAWER o ynni, felly os wyt ti'n ei ddefnyddio, paid â rhoi mwy o ddŵr ynddo nag wyt ti angen – paid â'i lenwi i'r top.

Fedri di feddwl am ffyrdd i leihau faint o ynni sy'n cael ei ddefnyddio bob mis?

Rhai syniadau i ti gael dechrau ...

Diffodd y goleuadau pan nad oes neb yn eu defnyddio
....

Gwna'n siŵr fod dy gartref wedi'i insiwleiddio'n iawn! Cadw'r gwres i mewn
....

....

....

....

41

....

....

....

....

....

....

Y CAMAU NESAF

- Siarad efo dy oedolion am yr hyn rwyt ti wedi'i ddarganfod.

- Siarad efo nhw am newid i gyflenwr ynni adnewyddol – felly, mi fedr gwynt, haul, y llanw a phob math o bethau naturiol helpu i roi pŵer i dy deledu a'r consol gemau!

Mae'r rhifau'n codi bob tro rydw i'n gwirio'r bocs!

Ia! Rydan ni fel dynoliaeth yn dal i ddefnyddio ynni, ond mi fedrwn drio defnyddio llai. Cyn cynnau'r gwres, gwisga siwmper!

#17 TU MEWN TU ALLAN

Ydy'r tywydd yn braf?

Oes rhaid i ti fod tu mewn?

Na, ond oes **rhaid** i ti?

Gwersi ysgol, prydau bwyd teulu, capel/eglwys ... Fedrai unrhyw un o'r rhain symud allan yn lle bod i mewn? Bydd yn rhaid i ti ofyn yn glêêêên iawn i bwy bynnag sydd yn arwain neu'n rhedeg y digwyddiad. Mae'n bosibl y bydd o neu hi'n gwrthod, ond ...

Mae gŵr o'r enw Richard Louv wedi bathu term 'nature deficit disorder' – y syniad ein bod yn treulio mwy a mwy o amser tu mewn. Mae'n ddrwg i'n hiechyd a'n hapusrwydd pan nad ydan ni tu allan yn profi natur.

- **Beth petai'r ysgol yn cynnal gwersi tu allan?** Mi fedr Gwyddoniaeth eich dysgu chi am natur. Yn Saesneg neu yn y gwersi Cymraeg, mi fedrwch gyfansoddi cerddi am yr haul a'r coed a'r gwelltglas. Mi fedr Daearyddiaeth wneud i chi feddwl am y natur sydd o'ch cwmpas, o'i gymharu â'r hyn sydd o gwmpas rhywun mewn gwlad arall efallai, ble mae sychder a thymheredd yn codi.

Gad i ni wybod pan fyddwch wedi trio hyn! Oedd o'n brofiad da?

Oedd/Go lew/Dyma be ddigwyddodd

....

....

43

- **Beth petaech yn cael pryd o fwyd y teulu tu allan?** Mae astudiaethau yn dangos ein bod o dan lai o bwysau pan fyddwn ni'n bwyta tu allan. Hefyd medrwn gael fitamin D o'r haul tra rydyn ni'n cael fitaminau eraill o'n llysiau. Yn ogystal, bwyta mêl a chlywed y gwenyn yr un pryd? Does dim byd i'w guro. (Ond paid â'u gadael nhw'n agos iddo fo.)

Gad i ni wybod pan fyddwch wedi trio hyn! Oedd o'n brofiad da?

Oedd/Go lew/Dyma be ddigwyddodd

....

....

- **Beth petai'r eglwys/capel yn cyfarfod tu allan ar ddiwrnod heulog, braf?** Mi fedrech chi werthfawrogi a gweddïo am gymaint mwy yn y byd tu allan nag a fedrech chi tu mewn.

Gad i ni wybod pan fyddwch wedi trio hyn! Oedd o'n brofiad da?

Oedd/Go lew/Dyma be ddigwyddodd

....

....

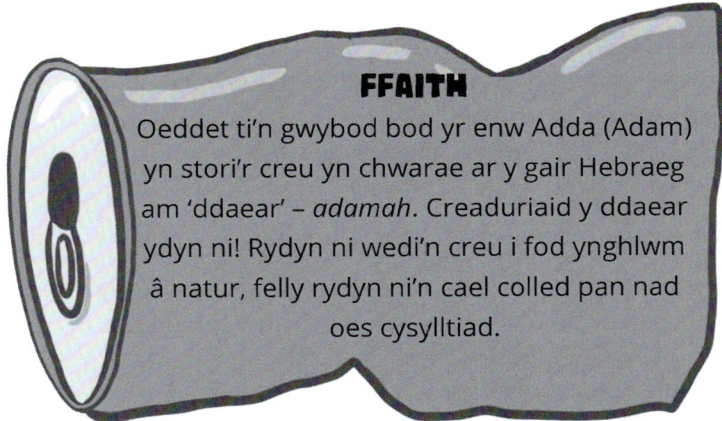

FFAITH

Oeddet ti'n gwybod bod yr enw Adda (Adam) yn stori'r creu yn chwarae ar y gair Hebraeg am 'ddaear' – *adamah*. Creaduriaid y ddaear ydyn ni! Rydyn ni wedi'n creu i fod ynghlwm â natur, felly rydyn ni'n cael colled pan nad oes cysylltiad.

#18 HEDFAN HEB ADENYDD

Mae'r ddynolryw yn ddoniol. Does gynnon ni ddim adenydd ond rydyn ni **WRTH EIN BODDAU** yn hedfan.

O wyliau teuluol i oedolion yn hedfan i gyfarfodydd gwaith (neu blant yn hedfan i gyfarfodydd gwaith, o bosibl) – hyd yn oed o fewn y wlad yma – mae o'n arferiad rydyn ni'n ei chael yn anodd iawn ei newid.

Rydyn ni'n meddwl bod hedfan yn beth normal i'w wneud – wedi'r cyfan, mae pawb i'w weld yn gwneud. Dydyn ni ddim yn meddwl am y niwed mae o'n wneud i'r amgylchedd.

Mae awyrennau yn chwydu nwyon allan – monocsid carbon, deuocsid carbon, ocsidau sylffwr, ocsidau nitrogen, carbon du – yn ogystal â darnau bach iawn o wahanol bethau sy'n cael eu hadnabod fel 'defnydd gronynnol' a phlwm. Yn ogystal mae llygredd sŵn o fyw o dan lwybrau hedfan. Mae hedfan yn un elfen **FAWR** sy'n achosi newid hinsawdd ac mae'n *rhaid* i ni newid ein harferion er mwyn bod ag unrhyw obaith o daclo hynny.

BETH FEDRA I WNEUD?

Edrych i weld faint o hedfan sydd yn digwydd yn dy deulu di (os o gwbwl). Rydyn ni wedi dysgu y gall cyfarfodydd gwaith ddigwydd yn rhithiol. Beth am i ti gael hwyl yn trio cyrraedd lleoedd ar y trên (mae gan <www.seat61.com> syniadau da am deithio ar y rheilffordd). Gosod reolau i ti dy hunan: dim hedfan o fewn y D.U. ac Ewrop. Un gwyliau hedfan teuluol bob yn ail flwyddyn/bob dwy flynedd/bob pum mlynedd ...

Mae yna leoedd **GWYCH** i fynd ar wyliau heb hedfan.

Chwilia ar <www.ecosia.com> neu edrych ar fap neu deithlyfr a rhestra rai o'r lleoedd yr hoffet ti fynd iddyn nhw **yn y wlad hon**.

....

....

....

....

Rydw i wedi cael rhai gwyliau gwych dramor. Roedd yna draeth efo cestyll tywod anferth ac mi nofiodd Dad yn y môr tra'n bwyta hufen iâ! Sbaen ta Ffrainc oedd hwnna?

Mi anfonaist gerdyn post i mi. Bournemouth yn Lloegr oedd o!

#19 ▶ RHAD AR FFASIWN!

Dydy ffasiwn yn newid yn gyflym ddim yn beth da!

Beth? Mae bod yn gyflym fel arfer yn beth da! Mae ffasiwn yn golygu gwisgo petha neis ... dwi'n iawn?

Ond mi fedra i feddwl am lawer amgylchiad lle mae bod yn gyflym wedi golygu TRYCHINEB! A dyna sy'n digwydd efo ffasiwn.

Roedden ni'n arfer bod yn berchen llai o ddillad, yn talu mwy amdanyn nhw, edrych ar eu holau nhw ac roedden nhw'n para'n hirach. Wedyn mi gafodd rhai o'r bobol sy'n gwerthu dillad y syniad mai y mwya o ddillad brynwn ni mwya'n y byd o arian fyddan nhw'n gael. Mae ffasiwn cyflym yn golygu dillad rhad y byddwn ni'n eu gwisgo am ychydig efallai, yna'u taflu. Ddim yn dda i blaned Duw!

Mae hynny oherwydd (fel y gwelwn yn y bennod nesaf) fod yr holl ddillad yna'n defnyddio peth wmbreth o ddeunydd crai, pethau fel cotwm, dŵr, plaladdwyr a phlastig, ac maen nhw'n creu problemau gan ein bod wedyn yn llenwi'n safleoedd tirlenwi efo'r holl ddillad rydyn ni'n eu taflu.

Mae hefyd yn rhoi pwysau ychwanegol ar berchnogion a gweithwyr ffatrïoedd i gynhyrchu dillad mor rhad â phosibl.

Pwy ydy'r bobol sy'n gwneud ein dillad? Gan mwyaf, merched

yn gweithio mewn ffatrïoedd **FILOEDD** o filltiroedd i ffwrdd ydyn nhw, yn gweithio oriau hir am ychydig o arian. Mae'r rhan fwyaf o'r arian a dalwn am ein dillad yn mynd i'r siop sy'n eu gwerthu a pherchnogion y ffatri.

BETH FEDRA I WNEUD?

- Prynu'n ail-law.

- Prynu gan gwmnïau dillad egwyddorol (chwilia amdanyn nhw ar Ecosia).

- Edrych ar ôl dy ddillad a'u cadw nhw am fwy o amser.

Meddwl o ble mae dy ddillad wedi dod. Darllen y labeli yn dy ddilledyn i weld ble cafodd ei wneud. 'Made in ...' – ble? Fedri di ddod o hyd i'r wlad ar y map?

Gweddïa dros y rhai sy'n gwneud dy ddillad.

GWEDDI DROS WNEUTHURWYR Y DILLAD RYDW I'N EU GWISGO

Ysgrifenna dy weddi yma!

....

....

....

.... Amen.

#20 ► COTWM
... A DEUNYDDIAU ERAILL

Newydd orffen y dudalen flaenorol? Felly, os wyt wedi bod yn edrych ar y labeli yn dy ddillad ... dal i ddarllen!

Beth ydy deunydd dy ddillad? Ydy o'n dweud ar y label – 50 y cant o hwn, 10 y cant o'r llall, 40 y cant o rywbeth arall?

Yn anffodus, y diwydiant ffasiwn ydy'r trydydd diwydiant gwaethaf am ddifetha'n hamgylchedd ar ôl olew a chynhyrchu cig. Mae ffatrïoedd dillad yn gollwng allan **BUM GWAITH** mwy o garbon i'r awyr na'n holl awyrennau ni!

Mae cotwm mewn llawer o'n dillad, ond mae dau fath: cotwm organig (yr un gorau) a'r cotwm sydd heb fod yn organig (yr un gwael – mae'r rhan fwyaf o'n dillad wedi'u gwneud o hwn). Mae cotwm sydd heb fod yn organig yn defnyddio llawer iawn o ddŵr a defnyddir llawer o blaladdwyr pan yn tyfu'r cotwm. Hefyd, dydy ffermwyr cotwm ddim yn cael eu talu'n dda iawn am eu cnydau, felly chwiliwch am gotwm Masnach Deg os yn bosibl.

Mae deunyddiau eraill yn cael eu defnyddio i wneud ein dillad hefyd – ond gan amlaf maen nhw'n 'synthetig'. Mae hynny'n golygu ei fod yn ddeunydd plastig wedi'i wneud o lawer o olew ac mae'n colli darnau bach o blastig – microblastig – i mewn i dy beiriant golchi bob tro rwyt ti'n ei olchi. Mae'r microblastigau yma'n cyrraedd ein hafonydd a'n moroedd, *a dydy'n hanifeiliaid môr ni ddim yn hoffi'r rhain i frecwast!* Fel Cadwyr y Cread mi fedrwn helpu trwy ddilyn yr awgrymiadau yn y bennod flaenorol ar beth i'w wneud. Mae o'n wir yn mynd i wneud gwahaniaeth!

Mae fy ffrog i wedi'i gwneud o gotwm organig.

Mae fy siwt archarwr i wedi'i gwneud o focsys grawnfwyd.

Y CAMAU NESAF

Edrych am y deunyddiau **DA** yma pan fyddi'n siopa:

- **lliain (linen)**

- **cotwm organig**

- **hemp**

- **Tencel** (chwilia i weld beth ydy o!)

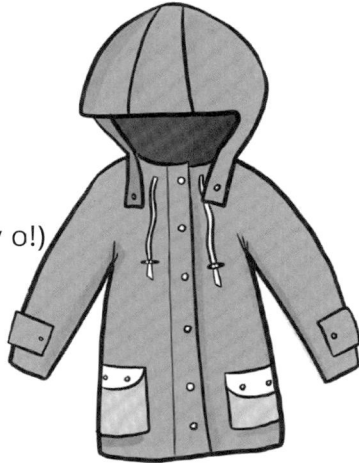

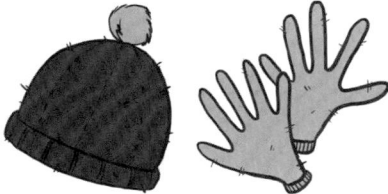

#21 ▶ TRIA FEGANIAETH!

Mi edrychon ni ynghynt ar fwyta llai o gig a bwyta llysiau a grawn gan fwyaf, ond mae angen i ni edrych hefyd ar faint o gynnyrch llaeth ac wyau rydyn ni'n eu bwyta.

Mae feganiaeth yn golygu nad wyt yn bwyta nac yn defnyddio dim sydd wedi dod o anifail. Dim cig, dim cynnyrch llaeth (fel caws). Mae hefyd yn golygu osgoi rhai dillad ac eitemau ystafell ymolchi yn ogystal, os ydyn nhw'n cynnwys rhywbeth o anifail.

Efallai nad ydy hyn yn rhywbeth rwyt ti eisiau ei wneud yn llawn, ond mae byw fel fegan ar adegau yn unig yn cael effaith bositif ar y blaned – ac yn rhoi i ti rai prydau llysieuol blasus, newydd!

Meddwl am blât o fwyd fegan: ffrwythau, llysiau a grawn. Mae'n cymryd llawer llai o egni, tir a dŵr i'r rhain gyrraedd dy blât na phryd o fwyd heb fod yn fegan. I gael gwydraid o lefrith, rhaid gofalu am y buchod fel maen nhw'n tyfu, rhoi grawn iddyn nhw, ffermio'r tir ... mae o i gyd yn defnyddio YNNI ac yn cael effaith ar fyd natur! Mewn rhai rhannau o'r byd, mae pobol yn clirio coed er mwyn cael tir i roi eu hanifeiliaid arno – ond yr unig reswm dros fagu'r anifeiliaid ydy i'n bwydo ni. Dydy o ddim yn ymddangos fel petaen ni'n gofalu am ardd Duw'n arbennig o dda ...

Gad i ni feddwl hefyd am les anifeiliaid. Mae hynny'n golygu trin ein hanifeiliaid yn dda. Mae rhai ffermwyr yn gwneud hynny, ac eraill ddim.

I gynhyrchu llaeth, mae'n bosibl i fuwch odro gael ei gorfodi i eni mwy o loi nag y dylai. Weithiau mae buchod yn cael eu gweld fel peiriannau llaeth yn lle cael gofal am yr hyn ydyn nhw: creaduriaid gafodd eu creu gan Dduw y Creawdwr!

Beth am wyau? Does dim angen ond cywion benywaidd – ieir – i ddodwy wyau, felly does neb eisiau y rhai gwrywaidd. Rydyn ni'n gwneud i fyd yr anifeiliaid siwtio'n hanghenion ni. Mae Duw wedi gofyn i ni barchu a gofalu am y cyfan ohono – nid dim ond cadw'r darnau rydyn ni eisiau, a thaflu'r gweddill!

GWNA DY RAN I ARAFU NEWID HINSAWDD

- Bwyta lai o gynnyrch llaeth, a phan fyddi'n gwneud gwna'n siŵr dy fod yn cefnogi ffermwyr sy'n gofalu am eu hanifeiliaid.

- Tria fath arall o lefrith – fel llaeth ceirch organig, llaeth soya organig wedi'i dyfu yn Ewrop, 'llaeth lloi-gyfeillgar'.

- Wyau'n hanfodol? Pryn rai organig neu leol.

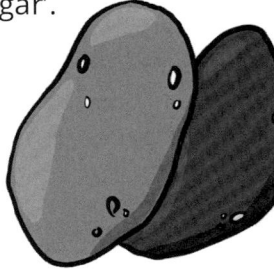

- Mwy o lysiau. Llai o gig.

- Tria bethau newydd!

Fy mhrydau fegan i'w trio:

....

....

....

#22 DŴR RHITHIOL

Be?

Sut gall dŵr fod yn rhithiol?

Rydyn ni'n yfed dŵr, rydyn ni'n nofio mewn dŵr, rydyn i'n fflysio dŵr (sori, ond mae'n wir).

Rydyn ni hefyd yn defnyddio dŵr i wneud pethau – neu mae ffatrïoedd yn gwneud. Yn wir, mae'r rhan fwyaf o'r dŵr rydyn ni fel planed yn ei ddefnyddio ... yn mynd i wneud y pethau rydyn ni'n brynu! Dyna rydyn ni'n olygu pan ddywedwn 'dŵr rhithiol'.

Rydyn ni'n gwybod bod angen i ni ddefnyddio llai o ddŵr – mi edrychon ni ar hynny mewn pennod flaenorol – ond oeddet ti'n gwybod ...

- Bod bar siocled mawr yn defnyddio 1,700 litr wrth gael ei gynhyrchu. Mae hynny'n ddigon i lenwi 12 bath!

- Mae bwydydd fel afocado, mango ac almonau i gyd yn tyfu ar blanhigion sychedig iawn. Mae almonau yn difetha'r tir lle maen nhw'n tyfu yng Nghalifffornia oherwydd hyn.

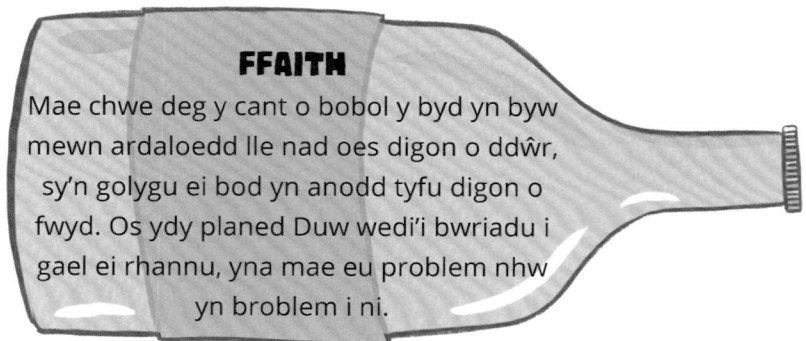

FFAITH

Mae chwe deg y cant o bobol y byd yn byw mewn ardaloedd lle nad oes digon o ddŵr, sy'n golygu ei bod yn anodd tyfu digon o fwyd. Os ydy planed Duw wedi'i bwriadu i gael ei rhannu, yna mae eu problem nhw yn broblem i ni.

Mae hyn yn golygu mai'r ffordd orau i ddefnyddio llai o ddŵr ydy prynu llai o bethau a bwyta'r bwydydd sy'n defnyddio llai o ddŵr i'w cynhyrchu, sydd yn aml iawn yn cael eu tyfu'n lleol.

O gwmpas y byd mae pobol yn symud i'r dinasoedd. Wel, mae gwaith yno ... ond yn aml does dim llawer o ddŵr yno. Yn wir, mae'r dŵr yn cael ei bibellu i lawer o ddinasoedd. Yn ogystal, edrych ar y pethau rydyn ni'n brynu. Pethau sy'n defnyddio llawer o ddŵr. Mi synni di ...

MEDDWL AM BETHAU SYCHEDIG

Cofia fod pethau yn medru bod yn sychedig – nid dim ond pobol! Cig eidion, jîns, cotwm, rhai ffrwythau a chnau ... Edrych ar y 'gyfrifiannell dŵr' (<www.watercalculator.org/footprint/what-is-virtual-water>) i weld faint o ddŵr mae pob un o'r rhain yn ei ddefnyddio, er nad ydyn ni byth yn ei weld! Byddai'n syniad i ti fynd drwy restr efo dy deulu a gweld beth fedrai fod yn rhywbeth amheuthun yn lle'n rhywbeth rydych chi'n brynu'n gyson.

Oeddet ti'n gwybod, i wneud pâr o jîns cotwm, mae angen 9,500 litr o ddŵr?

Dyna pam dydw i ddim yn gwisgo trowsus.

Mi faswn i'n falch petaet ti'n gwneud.

#23 CHWILIO'R BEIBL

Mae'r Beibl yn **LLAWN** o adnodau sy'n ein dysgu, yn ein harwain ac yn dweud wrthyn ni'n eithaf clir mai ein gwaith ni ydy **gofalu am y blaned!** Felly, dwi'n teimlo y dylen ni wneud hynny.

Tasg heddiw?

*   Cael hyd i Feibl.

*   Cael hyd i ddarn o bapur a phensiliau lliw.

*   Chwilia am rai o'r adnodau hyn yn y Beibl ac ysgrifenna'r rhai sydd yn gwneud i ti feddwl am amddiffyn y blaned neu dim ond dy hoff eiriau neu frawddegau yn yr adnodau.

Salm 24.1 Dyma un dda i ddechrau arni: 'Yr Arglwydd piau'r ddaear a phopeth sydd ynddi.'

Genesis 1.26..

Genesis 1.31..

Genesis 2.15..

Salm 95.5..

Nehemeia 9.6..

Mathew 22.39..

Ioan 1.3..

Effesiaid 4.32...

Colosiaid 3.12...

Philipiaid 2.4...

Mi fedret ti dynnu llun o'r Ddaear neu dy hoff beth mewn natur – yna ysgrifennu rhai o'r geiriau o'i gwmpas mewn gwahanol liwiau.

Rho dy lun rywle yn dy gartref lle y medri ei weld. Yn dy ystafell wely efallai, ar ddrws yr oergell neu yn y ffenestr hwyrach, i'r cymdogion ei weld?

Bydd wedi dy ysbrydoli a dy atgoffa mai planed Duw ydy'r blaned hon, ond mai ni ydy'r rhai sy'n edrych ar ei hôl!

#24

PROTEST!

Wyt ti'n cofio, ym mhennod 3 fe sonion ni am ysgrifennu at ein Haelodau Seneddol (AS)?

Wyt ti wedi gwneud eto?

Do/Naddo/Iawn, dw i wedi gwneud rŵan

....

Gest ti ateb?

Do/Naddo/Dw i ddim wedi ysgrifennu eto, felly wrth gwrs dydw i ddim

....

Mae pethau eraill y medrwn ni eu gwneud er mwyn rhoi ar ddeall i'n llywodraeth a'n busnesau ein bod ni am iddyn nhw newid! Os ydyn ni am iddyn nhw wneud pethau yn wahanol, newid beth maen nhw'n gredu a sut maen nhw'n gweithredu ('polisïau' ydy'r enw ar rhain) fel y medran nhw helpu natur a phobol sy'n byw mewn tlodi, yna mae'n rhaid i ni adael iddyn nhw wybod a **GWNEUD CRYN SŴN**!

Un ffordd ydy trwy ymuno efo grŵp mawr o bobol ar strydoedd ein dinasoedd mewn digwyddiad wedi'i drefnu, i weiddi am yr hyn rydyn ni'n meddwl ddylid ei wneud. Byddai'n rhaid i ti wneud hyn efo'r oedolion yn dy deulu ac mewn ffordd ddiogel! Ymchwilia i weld a oes gorymdaith hinsawdd yn digwydd yn dy ymyl rywdro'n fuan. Mi fedret ymuno efo hi a gorymdeithio a siantio a chwifio baneri a gadael i'r byd wybod beth wyt ti'n feddwl!

Mae llawer o brotestiadau heddychlon wedi digwydd mewn hanes i wneud i bethau newid. Dyma rai ohonyn nhw – mi fedret ti chwilio amdanyn nhw yn Ecosia, neu efallai dy fod wedi clywed amdanyn nhw yn yr ysgol:

- **William Wilberforce**
- **Martin Luther King Jr a Mudiad Iawnderau Dynol**
- **Greta Thunberg**
- **Tree Sitters o Pureora**
- **Iesu.**

Roedd rhai o'r rhain yn Gristnogion, rhai yn blant!

Rydw i'n peintio fy arwydd ar gyfer y brotest. Rydw i'n ysgrifennu'n **FAWR** – dw i isio i bawb yn y byd ei weld.

Y maint yna, dw i'n meddwl y medrai'r Lleuad ei weld!

CADWYR BYW Y CREAD

Dyma Niamh (9)

Y tro cyntaf i mi sylweddoli ein bod ni'n creu problemau hinsawdd anferthol oedd pan welais o'n cael ei drafod ar *Blue Peter*. Yna mi welais fod Llywodraeth y D.U. wedi cyhoeddi bod argyfwng hinsawdd. Roeddwn bob amser wedi meddwl bod argyfwng yn ... wel, rhywbeth yr oedd yn rhaid talu sylw iddo ar unwaith, fel **Y FUNUD HON**, ond fe gyhoeddon nhw argyfwng yn Ebrill 2019 ac mae'n edrych yn debyg fod pawb yn cario ymlaen fel arfer, fel petai yna ddim argyfwng. Dydy o ddim yn gwneud synnwyr o gwbwl.

Felly, penderfynais, yn ogystal â gwneud pob math o newidiadau i'r ffordd rydyn ni'n byw fel teulu, roeddwn i eisiau bod yn gyhoeddus am y peth a dweud wrth y Llywodraeth am wneud rhywbeth. Felly dyma fi'n dod yn rhan o Extinction Rebellion Kids ac rydw i wedi ymuno efo'r streiciau ysgol gychwynnodd Greta Thunberg. Rydw i wedi bod yn ymgyrchu, wedi bod yn y papur newydd, ar y newyddion ac ar y radio. Weithiau mae'n golygu fy mod i'n cael ychydig oriau allan o'r ysgol, ond gan mwyaf mae o'n golygu llawer o waith ychwanegol ar benwythnosau. Beth bynnag, mi fyddai'n llawer gwell gen i fod yn yr ysgol a pheidio gorfod poeni am newid hinsawdd.

Pam rydw i'n gwneud hyn? Pam rydw i'n rhoi amser i ymuno efo protestiadau, ymchwilio a gwneud arwyddion? Dywedodd Greta, 'Does neb yn rhy fychan i wneud gwahaniaeth.' Mae hynny'n golygu fi ... ac mae o'n golygu chdi hefyd. Plant ydyn ni a fedrwn ni ddim dad-wneud yr hyn y mae oedolion wedi'i wneud na'r hyn maen nhw'n ei wneud rŵan, ond **NI** fydd yn gorfod byw efo fo. Mi fydd yn ein brifo a'n niweidio, felly y mae'n **WIRIONEDDOL** bwysig ein bod yn ymuno ac yn gwneud i oedolion wrando.

#25 EDRYCH I'R AWYR

Hwyl ydy hyn, rhyw weithgarwch y medri di ei wneud rywbryd, rywdro tu allan i'r cartref. Gwisga dy gôt! (Os ydy hi'n oer neu'n bwrw glaw.) Fel Cadwyr y Cread mae'n bwysig ein bod yn cymryd amser i werthfawrogi natur.

Os oes gynnoch chi ardd, eistedd ynddi, neu mi fedri fynd i gae neu barc lleol neu ble bynnag mae llain werdd hyfryd yn agos i ti.

- Ar beth wyt ti'n sylwi? Beth ydy'r peth gorau fedri di ei weld neu glywed?   ....

- Anifeiliaid? ....

- Sawl aderyn neu bili-pala weli di? ....

- Fedri di glywed cân adar? ....

- Gad i ni edrych i lawr am funud. Fedri di weld pryfetach? ....

Edrych i'r awyr eto. Ar y cymylau. Pa wahanol fathau weli di? Fedri di dynnu llun un ar y dudalen gyferbyn?

Cerdda i rywle gwahanol. Efallai o dan ryw goed neu lle medri di weld planhigion ac anifeiliaid eraill.

Ar beth rwyt ti'n sylwi yma? Beth wyt ti'n weld? Teimlo? Arogli? Clywed? Cyffwrdd?

Pa un o'r pethau dynnodd dy sylw ydy dy ffefryn di?

....

Edrych i'r awyr eto. Diolch i Dduw am y byd natur
rhyfeddol yma. Fedri di ofyn am help Duw i'w amddiffyn?

RHESTR PENBLWYDD

Wyt ti'n cael penblwydd eleni? Rydw i! Rydw i'n siŵr dy fod di hefyd.

Beth am y Nadolig? Mi fetia i y byddi'n dathlu hwnnw yn ogystal.

Nawr 'ta, beth am anrhegion? Fyddi di'n gofyn am rai pethau neu aros i weld beth fydd rhywun yn ei brynu i ti?

Mae llawer o deganau wedi'u gwneud o blastig – a dydy plastig ddim yn beth da i'r blaned.

Os gofynnith rhywun i ti beth wyt ti eisiau ar dy benblwydd neu Nadolig, mi **FEDRET** ti ddweud wrthyn nhw, 'Dim byd plastig plîs!' Mae llawer o deganau gwych, yn gemau a theganau i gael hwyl efo nhw, sydd ddim yn cynnwys plastig.

Mae anrhegion dim-gwastraff ar gael hefyd. Dim papur lapio! Beth am brofiadau? Dyddiau allan? Talebau ar gyfer gweithgareddau hwyliog?

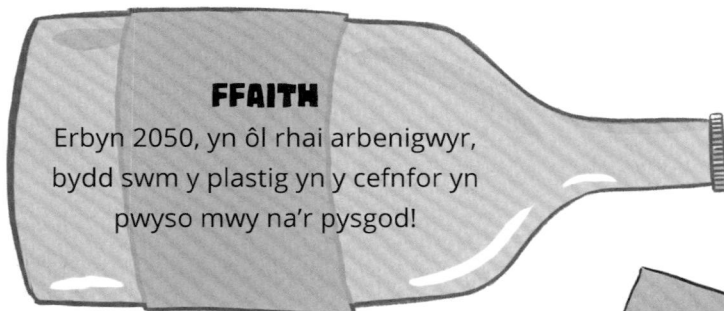

FFAITH
Erbyn 2050, yn ôl rhai arbenigwyr, bydd swm y plastig yn y cefnfor yn pwyso mwy na'r pysgod!

Os wyt ti eisiau gwneud gwahaniaeth **MAAAWR**, mi fedret ofyn i rywun wneud cyfraniad i elusen – neu hyd yn oed brynu rhywbeth i deulu ym mhen arall y byd, yn rhwydi mosgitos, sbectolau i ddarllen neu offer ar gyfer babi.

Fy rhestr penblwydd (yn ddelfrydol ddi-blastig!)

....

....

....

....

(O, a phenblwydd hapus. Ar gyfer pan fydd dy benblwydd ...)

Prynodd Yncl Jon y tegan plastig yma i mi. Ddylwn i deimlo'n ofnadwy?

Na ddylet siŵr! Beth sy'n bwysig nawr ydy dy fod di'n **CHWARAE** efo fo ac yn ei gadw am amser hir yn lle dim ond ei roi o yn y bin. Yna, pan fyddi di wedi gorffen efo fo, rho fo i siop elusen!

#27 ▶ EFFEITHIO AR WAITH YR EGLWYS, RHAN 2

Ydy'ch eglwys chi yn Eglwys Eco?

Beth ydy Eglwys Eco? Rydw i'n dy glywed di'n gofyn. (Mi gei di ofyn yn uchel rŵan os wyt ti eisiau. Does dim rhaid i ti. Fedar y llyfr ddim dy glywed di.)

Eglwys Eco ydy eglwys sydd wedi ymuno efo cynllun gwobrwyo sy'n cael ei redeg gan elusen o'r enw A Rocha UK. Mae'n dangos bod dy eglwys o ddifrif ynglŷn â helpu i amddiffyn ein creadigaeth hyfryd.

Mae eglwysi yn ennill pwyntiau trwy wneud y pethau iawn i ofalu am y blaned. Mae'r pwyntiau yna yn ennill lefel Efydd, Arian neu Aur yn y wobr Eglwys Eco.

Anfon arweinydd dy eglwys i <www.ecochurch.arocha.org.uk>. Ar y wefan mi fedr arweinwyr ateb ychydig gwestiynau am bethau yn ymwneud â dy eglwys.

- **Addoli ac addysgu** Ydy arweinwyr yr eglwys yn pregethu pregethau am achub y blaned?

- **Adeiladau** Pwy sy'n cyflenwi trydan? Sut gwpanau rydych chi'n ddefnyddio?

- **Tir** Ydy'r tir lle mae'r eglwys yn sefyll arno yn fywyd gwyllt-gyfeillgar?

- **Cymuned a byd-eang** Gwneud a helpu ... Ysgrifennu i'ch AS hefyd (gweler tudalen 8)!

- **Ffordd o fyw** Sut rydyn ni'n teithio i'r eglwys. Yr hyn y byddwn ni'n ei daflu. Yr hyn y byddwn ni'n ei fwyta ...

Mae'n bosibl na fyddai hynny ond yn golygu rhannu syniadau o'r llyfr yma efo'r eglwys! Yn ogystal â dy syniadau GWYCH di hefyd wrth gwrs. A sôn am hynny ...

Y CAMAU NESAF

Pa syniadau fedri di feddwl amdanyn nhw allai helpu ym mhob un o'r pum maes Eglwys Eco?

Addoli ac addysgu (Beth fedrai annog pobl i siarad?)

....

Adeiladau (Fyddai'n bosibl i dy eglwys newid y ffordd maen nhw'n gwneud rhywbeth?)

....

Tir (Tu allan i adeilad dy eglwys – sut medrai o ddenu mwy o fywyd gwyllt?)

....

Cymuned a byd-eang (Pa syniadau fedri di feddwl amdanyn nhw i gael pobol i wneud pethau da yn lleol?)

....

Ffordd o fyw (Sut medrai dy eglwys newid ei harferion er gwell?)

....

Siarad efo arweinydd grŵp y plant. A fedrai dy grŵp arwain y ffordd a helpu dy eglwys i gael gwobr Eglwys Eco?

Dydw i ddim yn meddwl y byddai ein heglwys ni'n cael marciau llawn am amddiffyn planed Duw.

Does dim ots. Fydden **NI** ddim yn cael marciau llawn ychwaith! Y pwynt ydy: ydyn ni'n trio edrych ar ôl y byd *yn well?*

28. BYDD YN GEFNOGWR YR HINSAWDD

OK. Mae'n amser am wers gwyddoniaeth. Barod?

Dyma'r broblem fawr. Fel planed, rydyn ni wedi defnyddio tanwydd ffosil am flynyddoedd. Maen nhw'n gollwng nwy a elwir yn CO_2 (deuocsid carbon), yn ogystal â nwyon tŷ gwydr eraill. Mae hynny'n golygu eu bod nhw'n gweithredu fel blanced anferth neu gwilt plu o gwmpas atmosffer y byd. Beth sydd yn digwydd pan fyddi di o dan gwilt plu? Rwyt ti'n twymo.

Mae'r blaned yn cynhesu – ac mae hynny'n beryglus. Mae'n newid y ffordd y mae'r byd yn gweithio:

- **lefelau'r môr yn codi a rhewlifoedd yn dadmer**

- **rhywogaethau'n darfod – mae eu cynefin yn newid a dydy'r bwyd maen nhw'n dibynnu arno ond ar gael ar yr amseroedd anghywir**

- **riffiau cwrel yn diflannu**

- **achosion o dywydd eithafol yn digwydd yn amlach (y llifogydd, sychder, stormydd, corwyntoedd, tymhestloedd a thanau coedwigoedd rydyn ni'n eu gweld ar y newyddion)**

- **cynhyrchu bwyd yn gostwng – i ni efallai na fyddwn yn medru cael bananas neu siocled(!) ond i lawer fyddan nhw ddim yn cael bwyd o gwbwl**

- **afiechydon yn lledaenu a'r tlawd sydd yn dioddef waethaf – mor annheg!**

Tua 200 mlynedd yn ôl, dyfeisiwyd ffatrïoedd mawr. Mi wnaethon ni ddarganfod glo ac yna olew ar raddfa fawr ... a dechreuodd pethau gynhesu. Y nod ydy rhwystro'r byd rhag mynd yn gynhesach o 1.5°C nag oedd o yr adeg honno. Yn lle hynny, mae'n edrych yn debyg y byddwn yn cael byd cynhesach o +3°C sydd ymhell o'r llwybr y dylem fod arno. Mae'n rhaid i ni leihau YN SYLWEDDOL ein allyriadau carbon (o 45 y cant erbyn 2030).

Beth fedra i wneud? Rydw i'n teimlo'n fach o gymharu efo'r blaned anferth yma. Fel gronyn o dywod ar bêl glan y môr anferth!

Dychmyga fod **LLAWER** o dywod ar bêl glan y môr. Llawer o bobol fel ti a fi, fo a hi, nhw a **PHAWB OHONOM NI** yn gweithio efo'i gilydd! Byddai honno'n bêl glan y môr hynod o dywodlyd.

Beth petai **PAWB** yn gwneud un peth ym mhob un o'r meysydd yma?

- **Personol** Dewis un peth yn dy fywyd dy hunan a fydd yn lleihau dy allyriadau CO_2 di a dy deulu (mi fedri edrych drwy benodau eraill os wyt eisiau syniadau).

- **Eglwys** Tria gael dy eglwys/grŵp plant yn rhan ohono. Gofyn i dy arweinydd benodi Sul pryd y byddwch yn edrych ar sut mae Cristnogion yn ymateb i newid hinsawdd.

- **Llywodraeth** Gofyn i'r Llywodraeth lynu i'w haddewid i gadw cynhesu o dan 1.5°C a rhoi'r gorau i gynnal diwydiannau tanwydd ffosil.

Mae llawer o syniadau yn y llyfr hwn i dy helpu di. Mae'r newid yn cychwyn efo chdi ... a ti a ti a ti a hi a fo a nhw a **PHAWB OHONOM NI!**

CADWYR BYW Y CREAD

Dyma Leo (7)

Mi es i i Ganolfan Bywyd Môr efo Mam a Dad pan oeddwn i'n bump oed, a gweld sut roedd anifeiliaid yn marw oherwydd y sbwriel sydd yn cael ei luchio i'r môr. Roedden nhw'n mynd yn sownd ac yn ei fwyta fo; roedd anifeiliaid eraill wedyn yn llwgu gan na fedren nhw gael digon o fwyd. Roeddwn i hefyd wedi gweld sut roedd siarcod yn cael eu lladd am eu hesgyll yn unig a rheinosoriaid am eu cyrn. Roedd hyn wedi fy nghynhyrfu'n ofnadwy ac roeddwn i'n gwybod bod yn rhaid i mi wneud rhywbeth ynglŷn â'r peth.

Mi benderfynais i godi arian i'w roi i grwpiau sy'n helpu crwbanod môr (nhw ydy fy ffefrynnau), a mabwysiadu lemwr a phengwin, i edrych ar eu holau nhw. Mi wnes i hyd yn oed helpu i fwydo pengwiniaid ym Mharc Bywyd Gwyllt Peak – roedd o'n gymaint o hwyl! Mi fues i'n glanhau traeth a chasglu peth wmbreth o sbwriel oddi ar ein traeth lleol. Tra oeddwn yno, mi wnes i fideo ymwybyddiaeth ar gyfer elusen o'r enw Shark Guardian, yn ogystal ag ar gyfer fy ysgol, i ddangos pa mor hawdd ydy hi i ofalu am ble rydyn ni'n byw.

Mae'n debyg mai y dewis mwyaf wnes i oedd troi'n llysieuwr. Dydw i ddim yn meddwl ei bod yn iawn bwyta cig sydd wedi'i brosesu. Mae hyn yn wirioneddol andwyo'r amgylchedd a dydy'r anifeiliaid ddim yn byw bywyd da. Mi fyddwn wrth fy modd yn gweld pobol yn newid eu ffordd o fyw: peidio llygru'r moroedd, ailgylchu cymaint â phosibl, helpu anifeiliaid a rhoi diwedd ar hela. Rydw i'n caru'r blaned ac am i eraill ei mwynhau hefyd.

Wyt ti'n cael arian poced? Am wneud ychydig dasgau o gwmpas y tŷ efallai? Beth wyt ti'n wneud efo'r arian yna? Efallai dy fod yn ei gynilo ar gyfer rhywbeth arbennig ... neu yn ei wario i gyd ar unwaith.

Wyt ti'n cyfrannu at rywbeth?

> Mi fedra i fod yn siriol ac mi fedra i roi! Dw i jyst yn ei chael hi'n anodd gwneud y ddau yr un pryd.

> Yn y Beibl mae o'n dweud bod Duw yn caru rhoddwr siriol!

Mae Iesu'n dweud stori am wraig weddw heb lawer o arian. Dim ond dau ddarn bach o arian roddodd hi yn y bocs casglu, ond meddai Iesu, 'Mi roddodd hi fwy na neb arall.' Roedd digon o arian gan rai eraill oedd yn rhoi – ond yr ychydig oedd ganddi hi, roedd hi'n falch o'i roi.

Mae rhoi pan nad oes gen ti lawer yn fwy gwerthfawr i Dduw na rhoi pan mae gen ti ddigonedd.

Pan oeddwn i'n blentyn, siaradodd Dad efo fi am roi 10 y cant o fy arian poced, ac mi ddywedodd os y byddwn yn mynd i'r arferiad o roi swm rheolaidd pan oeddwn yn brin,

yna mi fyddwn yn ei chael yn haws gwneud hynny pan fyddwn yn ennill mwy. Mae hynny wedi aros yn fy nghof!

Does dim rhaid iddo fod yn 10 y cant – y pwynt ydy dysgu rhoi yn rheolaidd a meddwl am eraill.

Felly at beth fedret ti roi? Pa bethau rwyt ti'n poeni fwyaf amdanyn nhw? Dyma rai syniadau i ddechrau, ond mae eraill hefyd.

Rydw i eisiau helpu ...	Mi fedrwn roi i ...
Pobol yn byw mewn tlodi	Tearfund neu Cymorth Cristnogol
Ymladd newid hinsawdd	Operation Noah neu CAFOD
Anifeiliaid mewn perygl	World Wildlife Fund neu A Rocha

Y CAMAU NESAF

Efallai cynilo efo'ch gilydd fel teulu a phenderfynu beth i'w wneud efo'r arian?

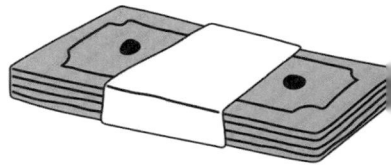

#30 ► ARIAN! RHAN 2

Oes gen ti gyfrif banc erbyn hyn? Nac oes hwyrach. Efallai fod gen ti gyfrif yn rhywle efo cynilion ynddo. Efallai y bydd oedolion yn dy deulu yn meddwl am agor cyfrif banc i ti pan fyddi di'n hŷn.

Pan gei di'r cyfrif banc yna, mi fedret ti gael un sy'n cefnogi **bancio moesegol**.

Beth ydy bancio moesegol ta?

Pan wyt ti'n rhoi arian mewn cyfrif banc, dy arian di ydy o. Dydy'r banc ond yn ei gadw'n ddiogel, ond tra mae o yno, maen nhw'n gwneud rhywbeth arall efo fo. Mae'r banc yn **buddsoddi'r arian** – mae hynny'n golygu eu bod nhw'n defnyddio'r arian i helpu cwmnïau eraill i wneud beth maen nhw'n wneud.

Felly … beth mae'r cwmnïau eraill yma'n wneud?

- **Pa mor bwysig ydy pob un o'r pethau yma i ti? Rho farc allan o 10 neu ysgrifenna pam mae pob un yn bwysig.**

- **Mae rhai yn llygru'r amgylchedd** ....

- **Dydy rhai ddim yn gofalu am anifeiliaid** ....

- **Dydy rhai ddim yn talu'n iawn i'w gweithwyr** ....

- **Mae rhai yn clirio coedwigoedd** ....

Ond mae yna gwmnïau da hefyd!

Mae Banc Triodos yn un da, ond mae rhai eraill hefyd. Mi ddylet ymchwilio'n ofalus efo oedolion dy deulu cyn rhoi dy arian yn **UNMAN**.

Mae bancio moesegol yn golygu cael cyfrif efo banc sydd yn buddsoddi ein harian ni mewn cwmnïau sydd yn Gadwyr y Cread, yn union fel ni!

Mae hynna'n gyffrous – mi fedar ein harian ni helpu i ofalu am y blaned hyd yn oed pan na fyddwn ni'n ei wario! Bydd yn rhaid i ni beidio gwario arian yn amlach ...

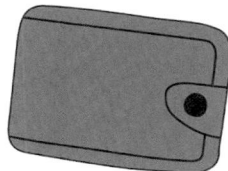

Mae pyllau yn ffordd dda iawn o ddenu bywyd gwyllt. Mae llawer o rywogaethau o anifeiliaid diddorol, **GWAHANOL**, amryfal, **RHYFEDDOL** – llyffantod, madfallod dŵr, gwas y neidr, pryfetach, adar (sy'n hoff o fwyta pryfetach) – yn dod i'r pwll i fyw, sblasio, socian a nofio.

Yn y 100 mlynedd diwethaf, mae 70 y cant o'r pyllau oedd yng nghefn gwlad y D.U. wedi diflannu, felly mae pob pwll yn cyfrif!

Os oes gennych chi ardd, efallai nad oes lle i bwll cyfan ... ond efallai fod yna gornel ble gallet ti dyllu twll a rhoi dysgl olchi llestri ynddo fo? Efallai fod gennych chi fath adar neu gafn dŵr? Os medri wneud lle iddo, sôn wrth yr oedolion am fynd ati o ddifrif a gwneud ffynnon ddŵr (water feature)!

Dw i ddim yn meddwl y medra i ffitio pwll yn fy ngardd i.

Dim ots. Beth am ymweld â lleoedd dŵr ym myd natur! Pwll, afon, llyn ... Gweld pa fywyd gwyllt fedrwn ni sbotio!

Os oes gen ti ddiddordeb mewn gwneud pwll, siarad efo'r oedolion a chwilia ar lein (er enghraifft, <https://rhs.org.uk>) am wybodaeth ar sut i wneud pwll bywyd gwyllt.

PWLL I'R BYWYD GWYLLT

- Ar gyfer **pwll go iawn**, byddai llethr bas yn denu bywyd gwyllt i ddod i ymweld ac yn eu helpu i fynd i mewn ac allan.

- Ar gyfer **cynhwysydd llai**, defnyddia botiau neu hen gasgenni – ond rho leinin ynddyn nhw yn gyntaf i lenwi'r tyllau! Atal colli'r dŵr yna ...

- Meddwl am gael **planhigion** yn dy bwll – rhai sy'n arnofio o bosibl.

- Mae llawer o bobol yn meddwl bod rhaid cael **pysgod** mewn pwll ... ond os rhoi di bysgod ynddo, mwy na thebyg y gwnân nhw fwyta'r bywyd gwyllt arall fydd wedi dod i chwarae!

- **Bydd yn arbennig o ofalus o gwmpas pyllau dŵr o bob math,** yn enwedig os wyt ti neu dy ffrindiau yn blant ifanc! Gwna'n siŵr fod oedolyn yna i gadw llygad.

Tynna lun yma o dy bwll perffaith. Beth sydd ynddo? Anifeiliaid? Planhigion? Unrhyw raeadrau 'gwahanol' neu ffownten?

#32 CARTREF V. YSGOL!

Pan mae'n dod i amddiffyn planed Duw, ydy dy ysgol yn gwneud pethau'n well na dy gartref? Ai y ffordd arall mae hi – dy deulu yn well na dy ddosbarth?

Efallai fod rhai pethau y medrai dy ysgol eu dysgu oddi wrth dy gartref ... neu dy gartref gan dy ysgol. Ydy dy ysgol yn ailgylchu cymaint ag yr ydych chi'n ei wneud gartref? Pwy sydd orau am ddelio efo gwastraff bwyd?

Rhestra yma unrhyw beth o'r llyfr yma a fyddai'n GAMPUS petai dy ysgol di yn ei wneud hefyd.

Peth	Ei wneud yn y cartref?	Ei wneud yn yr ysgol?	Pwy sy'n ennill?
Trio feganiaeth?	3 pryd yr wythnos!	0 pryd yr wythnos	Cartref!
....	....	....	....
....	....	....	....
....	....	....	....
....	....	....	....
....	....	....	....
....	....	....	....

... A'R ENILLYDD YDY ... CARTREF/YSGOL
(chwala'r un sydd wedi colli)!

Y CAMAU NESAF

- Beth fedri di wneud am y peth? Siarad efo dy ffrindiau, athro/athrawes, pennaeth?

- Fyddai'n bosibl i dy ysgol redeg Wythnos Eco er mwyn gwneud i ni feddwl am ambell bwnc? Fedret ti roi rhai syniadau i dy athro/athrawes?

Tra rydyn ni'n meddwl am yr ysgol, sut rwyt ti'n cyrraedd yno? Fedret ti osod esiampl i dy ffrindiau trwy gerdded neu seiclo yno?

Yn y llyfr yma mae rhai syniadau fedrai weithio yn yr ysgol yn ogystal ag yn y cartref. Rydyn ni'n defnyddio llawer o boteli yn ein hysgol ni ac mae'r ysgol yn gadael goleuadau ynghyn drwy'r amser.

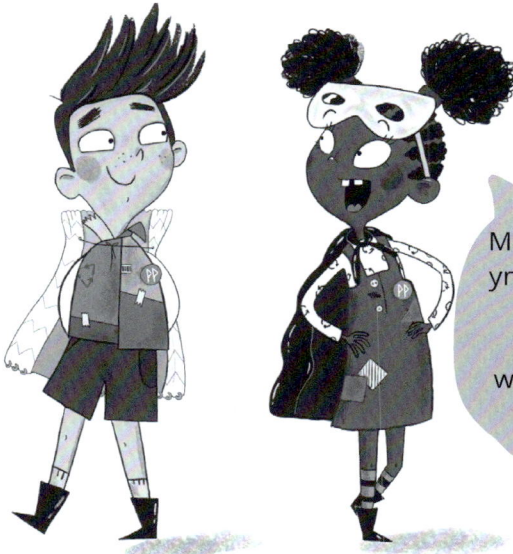

Mae rhandir da iawn yn yr ysgol er hynny. Mae rhai pethau maen nhw'n ei wneud yn arbennig! Mae pob man yn wahanol.

#33 RHYWOGAETHAU PRIN

Oeddet ti'n gwybod bod chwarter yr holl famaliaid mewn perygl o ddiflannu? Yn rhannol diolch i'r hela, ond hefyd oherwydd ein harferion dynol ... arferion sy'n difetha cynefinoedd!

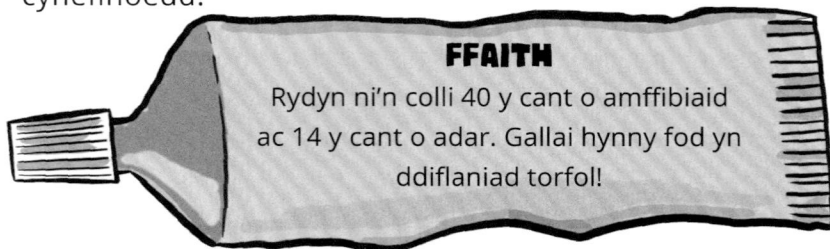

> **FFAITH**
>
> Rydyn ni'n colli 40 y cant o amffibiaid ac 14 y cant o adar. Gallai hynny fod yn ddiflaniad torfol!

Yyyy! Dydy hon ddim yn ffaith dda. Rydyn ni angen ffaith dda ...

Beth am hon ta: oeddet ti'n gwybod bod hanes y Ddaear wedi'i rhannu i dameidiau o amser a elwir yn 'gyfnodau'? Am dros 10,000 o flynyddoedd rydyn ni wedi bod mewn cyfnod a elwir y Cyfnod Diweddar (Holosen). Ooo! Dyna ffaith dda ...

OND mae rhai gwyddonwyr yn dweud mai Oes Anthroposen (anthropos yw'r Groeg am ddyn a dynol) y dylem ei galw, am ein bod yn byw mewn cyfnod pan mae dynoliaeth yn newid cymaint ar y byd – gormod! Tynnu coedwigoedd i lawr, adeiladu gormod o dai, newid yr hinsawdd, gor-bysgota, gor-amaethu ...

Rydyn ni'n cael effaith anferthol ar anifeiliaid eraill.

O diar! Ffaith arall sydd ddim-yn-rhy-dda. Efallai erbyn diwedd y dudalen nesaf y byddwn wedi cael un dda ...

Y CAMAU NESAF

Beth petaem yn dysgu gweld anifeiliaid fel mae Duw yn eu gweld nhw. Fo wnaeth eu creu ac mae'n eu caru. Maen nhw'n hynod o werthfawr iddo.

- **Rhestrwch yma rai rhywogaethau sydd mewn perygl** (yng nghwmni oedolyn chwilia ar Ecosia os nad wyt yn siŵr).

- **Ble yn y byd maen nhw?**

- **Beth fedrwn ni wneud i'w helpu?** (Eto, chwilia ar lein os wyt ti angen help.)

Pa anifail mewn perygl?	Ble mae o?	Beth fedrwn ni wneud?
Orangutan	Borneo	Defnyddio llai o olew palmwydd
....	....	....
....	....	....

Chwilia am fwy o wybodaeth gan fudiadau fel WWF ac A Rocha, ac edrych yn dy gadw-mi-gei i weld a fedri di eu helpu!

Dyma ffaith **WYCH**: bydd gwneud llawer o'r pethau amddiffyn-planed sydd yn y llyfr yma yn help i amddiffyn rhywogaethau o anifeiliaid!

#34 OLEW PALMWYDD?

Weithiau, wrth i ni feddwl am rywogaethau mewn perygl, mae'n anodd dychmygu sut y gallwn helpu. Fedrwn ni ddim dod ag orangutan adref i fyw efo ni … fedrwn ni? (Na, na fedrwn ni ddim. Mi fyddai wedi malu'r ystafell sbâr, a dychmyga'r holl wallt fyddai'n mynd yn sownd ym mhlwg y bath.)

Ond rydyn ni'n croesawu rhywbeth i'n cartrefi sydd yn elyn i anifeiliaid fel orangutan. Mae yna rywbeth sydd yn peryglu anifeiliaid mewn perygl … ac rydyn ni'n croesawu'r peth yma atom bron bob tro y down yn ôl o'r siopau! Mae'n cael ei alw'n olew palmwydd.

Mi weli di fod olew palmwydd yng nghynhwysion tua hanner y nwyddau sydd mewn pacedi yn yr archfarchnad! Pizza, siocled, pâst dannedd, siampŵ, hufen iâ, creision, bara …

Mae **LLWYTHI** o goedwigoedd glaw ym Malaysia ac Indonesia wedi'u llosgi er mwyn cael defnyddio'r tir i blannu planhigfeydd olew palmwydd. Roedd llawer o anifeiliaid yn byw yno'n ddigon hapus cyn hynny … Rhwng 1999 a 2015, mi **FWY NA HANERODD** nifer yr orangutaniaid yn Borneo. Ers 1970, mae De a Chanolbarth America wedi colli 89 y cant o'u rhywogaeth!

NID YN UNIG HYNNY, mae llosgi'r coedwigoedd yn rhyddhau llawer o ddeuocsid carbon i'r amgylchedd … sydd yn prysuro newid hinsawdd.

Mae o mewn **LLAWER** o bethau! Dydy hynny ddim yn golygu bydd yn rhaid i ni beidio bwyta na defnyddio pob un o'r pethau hynny, ond yr hyn **FEDRWN** ni wneud ydy:

Ticia'r bocs pan fyddi wedi'i wneud o!

- **edrych ar y label**

- **trio osgoi nwyddau yn cynnwys olew palmwydd neu o leia defnyddio llai ohonyn nhw**

- **prynu nwyddau sy'n cynnwys olew palmwydd cynaliadwy**

Duw wnaeth y byd. Pan edrychodd arno, gwelodd ei fod yn dda. Yna daeth pobol a meddwl ... mi fydden ni'n hoffi gwneud tunelli o fisgedi efo olew palmwydd o'r tir yma. Ac roedd y bisgedi'n flasus, ond roedd angen rhywle i fyw ar yr orangutaniaid. Sut bydd y stori hon yn gorffen? Mae hynny yn ein dwylo ni!

Y CAMAU NESAF

- Dysga adnabod dy olew palmwydd! Edrych i weld a ydy o yn yr hyn rwyt ti'n brynu.

- Siarad efo'th oedolion am yr olew palmwydd maen nhw'n ddefnyddio ... mwy na thebyg heb yn wybod iddyn nhw.

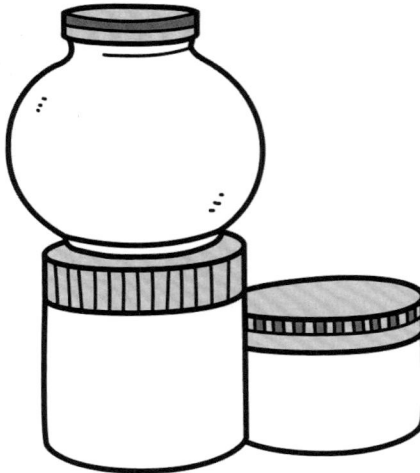

DIFFODD Y GOLAU!

Rydyn ni i gyd yn ei wneud o.

Rydyn ni'n mynd i ystafell, cynnau'r golau, gadael yr ystafell ... ac anghofio diffodd y golau.

Os ydy dy oedolion yn swnian arnat ti **'Cofia ddiffodd golau dy ystafell wely!'** dydyn nhw ddim yn ei wneud o dim ond i arbed arian ar y bil trydan.

Iawn, hwyrach eu bod nhw – ond mae rheswm mwy dros ddiffodd y golau a thynnu plygiau llenwr ffôn, cyfrifiadur, argraffwyr a dyfeisiau eraill pan nad wyt yn eu defnyddio. Mae'n gostwng y defnydd o ynni o tua 20 y cant. Mae hynny yn golygu 20 y cant yn llai o ynni i'r gorsafoedd ynni orfod ei gynhyrchu! Os ydy'r gorsafoedd ynni yna yn llosgi tanwydd ffosil (fel olew a nwy), yna rydyn ni'n niweidio'n hamgylchedd gwerthfawr bob tro y gwasgwn swits.

Mae Dad yn dweud mod i'n goleuo pob ystafell rydw i'n cerdded i mewn iddi.

POS

Fedri di ganfod pa ddyfeisiau sydd yn dal ar waith?

Y CAMAU NESAF

Meddylia am gyfleoedd eraill o gwmpas dy gartref i arbed ynni ac amddiffyn y blaned. Fedrwch chi arbed trydan trwy:

- wisgo mwy o siwmperi yn lle cynnau'r gwres

- defnyddio golau naturiol – weithiau, mae'r haul yn ddigon

- sylwi ar eich defnydd o ynni efo Mesurydd Clyfar

- tynnu'r plwg allan o ddyfais nad ydych wedi'i defnyddio ers tro – oes rhywun ANGEN cadw plwg peiriant gwneud waffl yn y wal trwy'r amser!?

BYSEDD PYSGOD I DE!

Yum! Neu a ddylwn ddweud ... Yum?

Dydyn ni ddim yma i ddifetha dy de bysedd pysgod, ond y tro nesa y byddi di'n llowcio un, meddwl o ble daeth y pysgod yna. Fedri di edrych ar y paced?

Mae logo hyfryd arno – logo'r 'Marine Stewardship Coucil' (MSC) – mae'n arwydd fod y cynhyrchwyr yn gweithio i ofalu am y stoc pysgod yn y môr pan fyddant yn dal pysgod ar gyfer dy 'fish fingers' ...

Os wyt yn prynu pysgod wedi'u ffermio, edrych i weld a ydyn nhw'n cael eu cymeradwyo gan yr RSPCA neu'n organig. Tria fynd i <www.mcsuk.org/goodfishguide/app> a lawrlwytha'r Good Fish Guide gan y Marine Conservation Society – bydd yn help i ti brynu pysgod cynaliadwy.

Pam mae hyn yn bwysig?

Wel, mae ein moroedd a'n cefnforoedd yn bwysig i fywyd: mae'r cylch dŵr yn cynnal bywyd ar y tir; mae cerrynt y cefnfor yn gyrru cynhesrwydd o gwmpas y byd ac maen nhw'n elfen hanfodol pan ddaw i reoli faint o CO_2 sydd yn yr amgylchedd.

Yn ein cefnforoedd mae nifer helaeth o wahanol rywogaethau anhygoel a grewyd gan Dduw, rhywogaethau y mae o wedi eu rhoi yn ein gofal ni! Mae pobol angen y cefnforoedd hefyd – mae dros 3 biliwn o bobol yn dibynnu ar y moroedd a'r arfordir am eu swyddi neu fel ffynhonnell bwyd.

Felly mae'n bwysig ein bod yn gofalu am ein moroedd a'n cefnforoedd – ar gyfer pobol ac ar gyfer y creaduriaid eraill sydd yn dibynnu arnyn nhw. Beth wyt ti'n feddwl sy'n digwydd os ydyn ni'n tynnu **GORMOD** o bysgod a chreaduriaid y môr allan ohono?

Pam na ddylen ni dynnu gormod o bysgod o'r môr? Ai oherwydd y byddai lefel y môr yn mynd i lawr ychydig, fel sy'n digwydd pan fydda i'n tynnu teganau allan o'r bath?

Na! Os tynnwn ni ormod, fydd dim digon o bysgod ar ôl. Dyna pam.

Mae'r ffordd rydyn ni'n eu tynnu allan hefyd yn creu niwed anferthol. Llusgrwydo ydy pan mae rhwydi mawr iawn yn cael eu pwyso i lawr (weithiau efo trawst metal) a'u llusgo ar draws gwaelod y môr. Mae'r math yma o bysgota yn codi popeth! Yna mae'r pysgod maen nhw eisiau (penfras a gorgimychiaid gan amlaf) yn cael eu cymryd ac mae'r gweddill yn cael eu taflu yn ôl i'r môr – ond erbyn hyn maen nhw'n farw! Dychmyga rywun yn yr awyr uwchben dy gartref yn gollwng rhwyd anferth ar y dref ac yn ei llusgo nes fod popeth wedi'i ddifetha. Dydy'r dull yma o bysgota ddim yn garedig i waelod y môr.

Mae'r WWF (World Wildlife Fund) yn dweud bod mwy na 300,000 o forfilod bach, dolffiniaid a llamhidyddion bob blwyddyn yn marw oherwydd iddyn nhw fynd yn sownd mewn rhwydi pysgota. Ydy o'n swnio fel petai pobol yn gofalu am greaduriaid y môr fel y gofynnodd Duw i ni wneud?

Ysgrifenna dy ateb dwy lythyren yma..............

#37 ▶ SYLLU AR Y SÊR

Edrych i fyny. Ychydig yn uwch. Yn uwch eto. Dyna fo. O, ac aros nes bydd hi'n nos.

Rydyn ni wedi bod yn edrych i lawr yn aml yn y llyfr yma, ar y blaned wrth ein traed, y byd sydd wedi bod yn gartref i'r ddynolryw ers miloedd o flynyddoedd. Gad i ni nawr edrych hefyd ar i fyny ac am allan, tu hwnt i'r byd yma i'r gofod anhygoel, pensyfrdanol sydd yn ... wel, y gofod.

Sbecyn bach o rywbeth ydy'r byd mewn bydysawd eang iawn – mor eang fel na allwn ei amgyffred. Rydyn ni ar un blaned o fewn cyfundrefn yr Haul ... o fewn galaeth ... o fewn y bydysawd.

Oeddet ti'n gwybod bod yr Haul yn un o rhwng 200 biliwn a 400 biliwn o sêr yng ngalaeth y Llwybr Llaethog? Mai dim ond un allan o o leiaf 100 biliwn o blanedau ydy'r Ddaear? Dydy ein galaeth ni o bosibl ond un allan o ddau triliwn o alaethau!

Wow. Mae'n gwneud i ti feddwl ... Oes wir ots nad ydw i'n tacluso fy 'stafell?

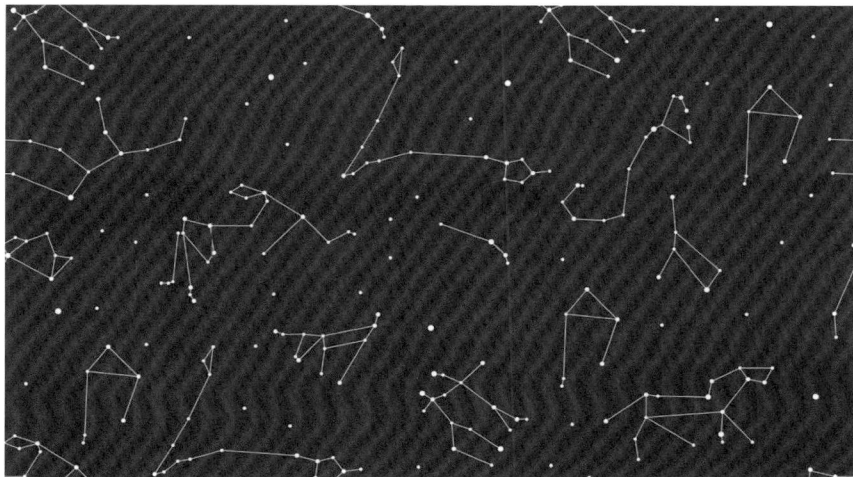

Dewis noson glir, dos tu allan, diffodd **BOB UN** golau, gorwedd ar dy gefn ... ac edrych i fyny. Pa sêr weli di? Fedri di weld unrhyw glwstwr o sêr?

Fedri di weld y Lleuad? Mae'r Lleuad 240,000 o filltiroedd o'r Ddaear – dyna'r pellter cyfartalog y bydd y rhan fwyaf ohonom yn ei gerdded yn ystod ein hoes!

Dychmyga fod yr Haul yr un maint â chneuen mwnci ... yna byddai'r Ddaear yn ronyn o halen ar y gneuen honno. I gynrychioli'r pellter i'r seren agosaf, byddai'n rhaid mynd â chneuen mwnci arall 200 milltir i ffwrdd.

Dydy hynny ond fel taith rownd y gornel o'i gymharu efo'r gwrthrych pellaf a welir yn ein bydysawd: galaeth fechan o'r enw GN-z11. Mae mor bell i ffwrdd fel pan welwn hi (trwy'r telesgop 'Hubble Space') y llun a welwn ydy'r alaeth honno o 13.4 biliwn o flynyddoedd yn ôl. Mae'n cymryd cymaint â hynny o amser i'r golau ddod yn ôl atom!

On'd ydy hynny'n rhyfeddol? Duw a wnaeth y pethau hynny hefyd!

#38

ANNWYL ARCHFARCHNAD ...

Wyt ti'n gwybod faint o bŵer sydd gan dy archfarchnad? (A na, dydw i ddim yn golygu ei bod yn gwerthu batris. Math gwahanol o bŵer.)

Mae un rhan o dair o'r hyn rydyn ni'n wario yn mynd i'r archfarchnadoedd. Mae hynny'n golygu bod 30c o bob punt rydyn ni'n ei wario am bethau yn mynd i Tesco, Sainsbury's, Aldi, Lidl, Morrisons, Waitrose, Asda neu beth bynnag rydych chi'n galw'r adeilad mawr yna sydd gerllaw yn gwerthu **POB DIM**.

Mae'n bosibl i rai pethau y mae'r archfarchnadoedd yn eu gwerthu niweidio'r amgylchedd. Dim ond y pethau maen nhw'n meddwl rydyn ni eisiau maen nhw'n eu gwerthu! Yn aml, maen nhw'n meddwl mai dim ond pethau rhad rydyn ni eisiau, hyd yn oed os ydyn nhw'n gwneud drwg i'r blaned.

Felly os ydyn ni'n poeni am ein planed, mi ddylen ni **ROI GWYBOD I'R ARCHFARCHNAD!** Dweud wrthyn nhw nad dim ond siopa rhad rydyn ni eisiau – rydyn ni am iddyn nhw werthu'r eitemau **IAWN**. Mae gan archfarchnadoedd y pŵer i wneud pethau **ARCHARWROL** hefyd!

Os dywedwn ni wrthyn nhw ei bod yn golygu mwy i ni eu bod nhw'n gofalu am y blaned a'r bobol sy'n cynhyrchu'r bwyd maen nhw'n ei werthu yn hytrach na pharhau i ostwng y prisiau, yna mi wnân nhw feddwl eto. Ti ydy'r cwsmer, ac onid ydyn nhw'n dweud bod y cwsmer bob amser yn iawn?

Gad i ni sgwennu i'r archfarchnad a dweud wrthyn nhw beth rydyn ni eisiau iddyn nhw wneud.

Ie! Ond i ddechrau mae'n rhaid i mi brynu beiro a phapur. Gwell i ni fynd i'r archfarchnad 'ta.

FFAITH

Bob blwyddyn mae archfarchnadoedd yn y D.U. yn creu mwy na 800,000 tunnell o wastraff pacio plastig – mae hynny'n bwysau 4,000 o dai! Mae'r siopau eu hunain yn werth **180 BILIWN O BUNNOEDD!** Os byddan nhw'n meddwl y gwnewch chi wario arian efo nhw, mi wnân nhw wrando.

94

Y CAMAU NESAF

Cysyllta efo dy archfarchnad! Dweud beth wyt ti'n feddwl a beth wyt ti am iddyn nhw ei wneud.

Mi fedret ti e-bostio'r llythyr i'r gwasanaeth cwsmeriaid trwy wefan yr archfarchnad, a/neu trefnu i'w roi yn llaw'r rheolwr yn y siop. Dyma amlinelliad i ti gael dechrau arni.

Annwyl Reolwr *(enw'r archfarchnad)*

Fy enw i ydy.............................ac rydw i'n............oed. Rydw i'n siopa yn eich archfarchnad. Rydw i'n meddwl ei bod yn hynod o bwysig fod *(edrych trwy'r llyfr yma – beth wyt ti'n feddwl ydy'r pynciau mwyaf ynglŷn ag amddiffyn y blaned?)*

....

....

....

(Beth wyt ti eisiau i'r archfarchnad ei wneud?)

....

....

....

(Cynnwys dy gyfeiriad os wyt eisiau ateb. Gofyn am ganiatâd oedolyn hefyd!)

(Ffarwelia yn gwrtais ac arwydda dy enw. Ymarfer arwyddo dy enw yma.)

....

39 ▸ YSTAFELL YMOLCHI DDI-BLASTIG

Wyt ti eisiau'r **YSTAFELL YMOLCHI ORAU** yn y **BYD**?

Rŵan, mi fedri di!

Yr **YSTAFELL YMOLCHI ORAU** yn y **BYD** fyddai'r ystafell ymolchi sydd ddim yn *niweidio'r byd*, ynte?

Mae'n mynd i fod yn sialens ... oherwydd mae ystafelloedd ymolchi yn storfa blastig fawr!

Mae gen i ormod o blastig yn fy ystafell ymolchi.

A fi – ac nid yn unig y fricsen lego ffeindis i'n arnofio yn y toiled.

Dos i dy ystafell ymolchi. Edrych o dy gwmpas ac ysgrifenna restr o bopeth sydd wedi ei wneud o blastig. Mae'n siwr dy fod wedi dod o hyd i lawer o bethau, ond paid digalonni –

mae'n hawdd newid. Mi fedri rŵan brynu brws dannedd bambŵ, bariau o siampŵ, bariau o sebon, cynwysyddion ail-lenwi ar gyfer deunydd glanhau, weips y medri eu golchi a'u defnyddio eto yn hytrach na'u taflu ... a chymaint mwy. Gwneud y newid sydd eisiau!

Y rhestr-sydd-ddim-yn-rhy-fawr-gobeithio o bethau plastig yn dy ystafell ymolchi

Plastig

Di-blastig

Cyfnewid am

·····································

·····································

·····································

·····································

·····································

·····································

·····································

·····································

·····································

·····································

·····································

·····································

·····································

·····································

Y CAMAU NESAF

- Dechrau trwy ddewis un peth i'w newid i'r math di-blastig.

- Wyt ti'n medru darganfod pethau di-blastig i'w cyfnewid er mwyn helpu i amddiffyn y blaned?

Wedi gwneud hynna? Beth arall sydd i'w newid 'ta? Pâst dannedd? Siampŵ? Hylif sebon golchi dwylo?

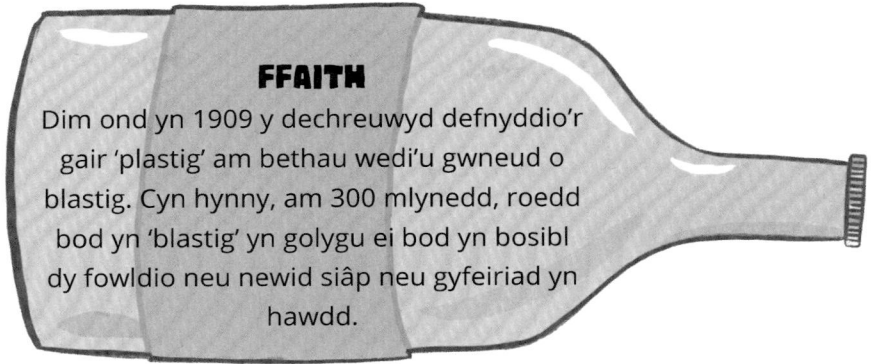

FFAITH

Dim ond yn 1909 y dechreuwyd defnyddio'r gair 'plastig' am bethau wedi'u gwneud o blastig. Cyn hynny, am 300 mlynedd, roedd bod yn 'blastig' yn golygu ei bod yn bosibl dy fowldio neu newid siâp neu gyfeiriad yn hawdd.

Fedri di newid dy arferion plastig? Pa mor ddi-blastig fedri di fod?

CADWYR BYW Y CREAD

Dyma Mariella (11) a Kester (9)

Roedden ni'n drist ac wedi diflasu ar godi sbwriel plastig yn y parc lleol ac ar y traeth, felly dyma ni'n penderfynu helpu Mam yn ei hymgyrch yn erbyn plastig yn ein dinas ni, sef Portsmouth. Mae mudiad arbennig o'r enw Surfers Against Sewage ac mae ganddyn nhw ymgyrch Dim Plastig lle gall dinasoedd, trefi a phentrefi weithio i ddod yn Gymunedau Dim Plastig, felly mi benderfynon ni ymuno a gwneud Portsmouth yn Gymuned Dim Plastig.

Mae'n golygu cael busnesau, ysgolion a grwpiau cymunedol i feddwl am leihau eu defnydd o blastig-unwaith, ac rydych chi hefyd yn rhedeg grwpiau codi sbwriel ac yn codi arian. Ond y peth cyntaf oedd yn gorfod digwydd oedd cael ein cynghorwyr lleol i gytuno i fod yn rhan ohono.

Mi aethon ni i gyfarfod o'r Cyngor llawn a rhoi cyflwyniad byr (roedden nhw'n ei alw'n 'ddirprwyaeth') yn dweud pam roedden ni eisiau i'n dinas ddefnyddio llai o blastig-unwaith. Mi ddywedon ni wrthyn nhw beth roedden ni'n ei wneud gartref ac yn yr ysgol, ac egluro'r gwahaniaeth y byddai'n ei wneud i fywyd gwyllt. Wedi'n cyflwyniad aeth y cynghorwyr i bleidlais, i weld a fydden nhw'n helpu, ac roedd *pob un* o'r 42 yn cytuno efo ni. Cafodd y ffaith ein bod yn ddigon dewr i siarad o'u blaenau nhw i gyd a ninnau'r bobol ieuengaf i wneud hynny yn ein dinas argraff ar y cynghorwyr ... felly mi greon ni hanes hefyd!

Rydyn ni wedi bod yn gwneud llawer o bethau ers hynny ac yn fuan mi ddylai'r ddinas gael statws Dim Plastig.

#40 ▸ SAIB I'R SGRÎN

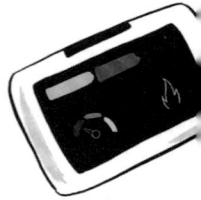

Rydyn ni i gyd wrth ein boddau efo tech.

O gemau fideo i gyfryngau cymdeithasol i deledu ac yn ôl i gemau fideo eto, mae llawer o blant yn treulio un rhan o dair o'u horiau effro ar sgriniau!

Mae hynny'n amser hir ofnadwy, felly ... beth am gymryd saib o'r sgriniau?

RHESYMAU DROS GYMRYD SAIB O'R SGRÎN

- **Ewch allan!** Mae'n braf allan yn fanna. Hyd yn oed pan nad ydy'r tywydd yn braf mae natur yn hyfryd!

- **Mae saib o'r sgrîn yn helpu'r ymennydd.** Mae ymchwil yn dangos os byddwn yn treulio gormod o amser yn edrych ar sgriniau, mi fedar hynny ein gwneud yn anhapus.

- **Llai o bŵer.** Mae dy ddyfeisiau yn defnyddio ynni. Mae cyfrifiaduron sy'n cael eu GADAEL YMLAEN dros nos yn defnyddio llawer IAWN o ynni! Torra i lawr ar y pŵer bob hyn a hyn. Gad i'r dechnoleg fynd i gysgu, gad i'r blaned yma wella ... trwy ddiffodd y dechnoleg!

- **Wyt ti ar lein?** Bydd yn ddiogel, paid â rhoi pethau ar lein amdanat TI DY HUN heb fod oedolyn yn gwybod, a gofyn i ti dy hun: ydy hyn yn dal i fod yn hwyl? Os nad ydy o'n dal yn hwyl, stopia. (Yna gwna rywbeth sydd yn hwyl.)

- **Gall gliniadur ddefnyddio un rhan o dair yr ynni y mae cyfrifiadur yn ei ddefnyddio.** Oes gen ti gyfrifiadur? Efallai y byddai'n syniad i ti gael gliniadur y tro nesaf.

- **Pan fyddi'n barod i gael gwared ar dy ddyfais – mae'n rhy araf, yn hen neu wedi torri – ailgylcha fo!** Yna pryna dy ddyfais nesaf yn ail-law. Mae o i gyd yn help i amddiffyn y blaned.

I wneud y dyfeisiau hudol, hyfryd, **PENIGAMP** yna, o dabledi i liniaduron mae angen deunyddiau reit arbennig.

Mae naw deg y cant o'r mineralau prin yn dod o China. Mae Gweriniaeth Ddemocrataidd y Congo hefyd yn cynhyrchu llawer, ond mae cloddio am y mineralau hyn yn cael effaith fawr ar yr amgylchedd ... a dim digon o effaith ar waledi'r gweithwyr. Dydyn nhw ddim yn cael eu talu'n dda am helpu i wneud ein cyfrifiaduron a'n ffonau, ac maen nhw'n gweithio mewn amgylchiadau ofnadwy!

Mae hyn i gyd yn golygu allyriadau **MAWR**. Mewn gwirionedd, wrth wneud a chael gwared ar y dyfeisiau hyn, mae'r diwydiant cyfrifiadurol yn gollwng cymaint o awyr afiach i'r byd ag y mae'r holl ddiwydiant **AWYRENNAU** yn ei wneud!

Mae technoleg yn wych – ac mi all fod yn **WYCH** i'r amgylchedd, os y gwnaiff ein helpu i gysylltu efo'n gilydd a theithio dipyn llai. Efallai fod oedolion dy deulu di'n teithio llai i gyfarfodydd gwaith y dyddiau hyn gan eu bod wedi deall y medran nhw gynnal cyfarfodydd ar lein!

Felly defnyddia dy dechnoleg er daioni! Cysyllta efo ffrindiau, tyrd o hyd i appiau a gwefannau sy'n **HELPU'R BLANED**, nid yn helpu i'w difetha. Cymer saib bob hyn a hyn. Mae dy gyfrifiadur yn mynd i gysgu pan nad ydy o'n cael ei ddefnyddio. Os ydy dy ddyfais di'n medru cael seibiant ... pam na fedrwn ni?

#41 ▶ MAE O YN Y LLYFR!

Oes gen ti Feibl yn y tŷ? Mae'n llyfr mawr, on'd ydy?

Mae llawer yn meddwl am y Beibl fel stori Duw a dynoliaeth, ond mae mwy na hynny iddo. Mae'n stori Duw a'r **HOLL** greadigaeth. Mae anifeiliaid a phlanhigion a holl fyd natur yn cael eu cynnwys yn y stori sydd yn y Beibl, ac mae'n dweud llawer am ofalu am y byd.

Mae bod yn Gristion yn golygu dilyn beth mae'r Beibl yn ei ddweud. Dyma rai pethau sydd i'w gweld ynddo ...

- **Mae 722 o adnodau yn y Beibl sydd yn sôn am ddŵr. Mae'n cael ei weld fel rhodd Duw a rhodd bywyd!**

- **Mae Duw yn addo tir i ni yn yr Hen Destament. Mae'n cael ei alw'n 'Wlad yr Addewid'.**

- **Yn llyfr Lefiticus (25.1–2), mae Duw yn rhoi llawer o reolau i ddynoliaeth, yn cynnwys y dylem roi saib i natur bob hyn a hyn!**

- **Mae LLAWER o goed yn y Beibl. Mae'n dechrau efo Pren y Bywyd ac yn gorffen efo Pren y Bywyd!**

- **Mae Iesu yn disgrifio'i hunan fel 'gwinwydden' a'i ddilynwyr fel canghennau o'r winwydden honno – fel petaem ni'n tyfu o hyd, ond fod ein gwreiddiau yn Iesu.**

Mae'r Beibl yn **LLAWN** o goed, planhigion, anifeiliaid, adar, creaduriaid y môr ... Pob creadur o wenyn i wiber!

Mae morgrugyn yn fy Meibl i. Wnaeth o jyst cropian i mewn.

Efallai fod y Beibl yn stori dynoliaeth – ond dim ond oherwydd mai **NI** sydd wedi gwneud llanast o bethau. Felly ni ydy'r rhai ddylai gywiro pethau ... a helpu i drwsio'r niwed rydyn ni wedi'i wneud i'r blaned!

Fedri di ddod o hyd i rai adnodau yn y Beibl sydd yn dweud wrthym am ofalu am y byd? Tria rai o'r rhain – Deuteronomium 20.19, Salm 96.11–12, Mathew 6.26 neu Datguddiad 22.1.

Darllen stori Noa – mae yn y Beibl, Genesis penodau 6–9, ond efallai fod gen ti fersiwn plant gartref. Cafodd yr anifeiliaid eu hamddiffyn gan Noa a'u hachub gan Dduw.

Tynna lun o'r arch ar y dudalen nesaf – paid ag anghofio cynnwys dy hoff anifeiliaid!

FY LLUN I O'R ARCH

Y DÎR O'TH GWMPAS

Pa ddŵr sydd yn dy ymyl di? Pwll? Llyn? Afon? Camlas?

Pwllyn. O sudd oren. Dw i newydd droi fy niod.

Oes dŵr yn dy ymyl di yn rhywle? Meddwl am funud. Edrych ar y map efallai neu feddwl am unrhyw daith gerdded wnest ti.

Mae Afon Ganges yn afon gysegredig i bobol sy'n dilyn crefydd Hindu. Mae hynny'n golygu eu bod yn meddwl y byd ohoni! Maen nhw'n ei gweld yn nes at y nefoedd nag unman arall, ac maen nhw'n anfon gweddïau efo hi. Mae'n afon sydd mor annwyl gan y bobol fel bod 108 o enwau gwahanol arni! Un o'r enwau hynny ydy *Nata-bhiti-hrt*, sy'n golygu 'Cario ofn ymaith'. Un arall ydy *Sankha-dundubhi-nisvana*, sy'n golygu 'Gwneud sŵn fel cragen dro a drwm'.

Mae'n amlwg fod y bobol sydd yn ymyl y Ganges yn meddwl **LLAWER** o'u hoff afon!

Pan mae pobol yn sylwi ar rywbeth, maen nhw'n gofalu amdano ac yn ei barchu. Y tro nesaf y byddi di'n agos i ddŵr agored, aros i edrych arno. Ydy o'n lân? Oes bywyd gwyllt? Edrych yn nes – efallai fod y creaduriaid yn fychan iawn. Oes planhigion?

RHO ENW I'R DŴR!

Pa enw addas fyddet ti'n ei roi ar dy bwll neu afon leol? Ydy o/hi'n 'Llawn Plastig' neu'n 'Hafan Hwyaid'? Tybed a fyddai'r enwau fyddai Duw yn ei roi ar yr ardaloedd dŵr yma yn wahanol i'r enwau rown ni arnyn nhw?

Llysenw ar ddŵr yn fy ymyl i: ....

....

Tynna lun ohono yma!

Llysenw ar ddŵr arall yn fy ymyl i : ....

....

Tynna lun o hwnnw hefyd!

Pa un ydy dy ffefryn? Pam? Beth fyddai'n gwneud yr un arall yn well?

#43 GEFEILLIO TOILEDAU

Mae chwe deg y cant o bobol y blaned yn byw mewn ardaloedd lle mae problemau yn ymwneud â dŵr: mae un ai'n rhy fudur neu does dim digon ohono (neu'r ddau). Un o'r bobol yma ydy Ungwa ac mae hi'n byw efo'i thri plentyn yng Ngweriniaeth Ddemocrataidd y Congo. Dyma fo ar y map o Affrica.

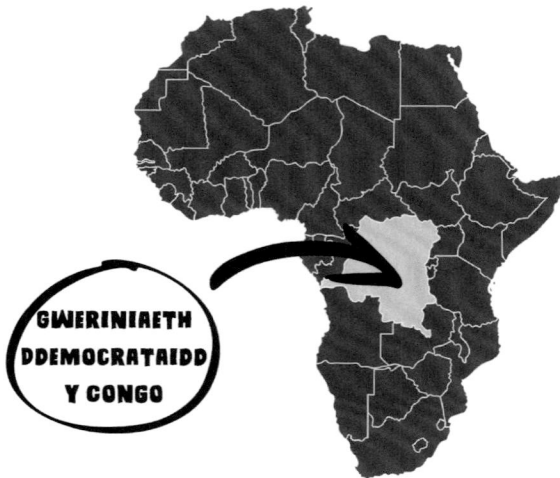

GWERINIAETH DDEMOCRATAIDD Y CONGO

'Mi fyddai'n rhaid i mi adael y tŷ am bedwar neu bump y bore i nôl dŵr i'w yfed,' meddai. 'Ac roedd gynnon ni broblem ddifrifol efo salwch fel dolur rhydd, typhoid a thwymyn.'

Mae llawer o bobol fel Ungwa (mamau a phlant yn aml) yn cerdded milltiroedd i gasglu dŵr, sy'n golygu na fedr y plant wneud eu gwaith ysgol a bod gan eu mamau lai o amser i wneud pethau eraill (fel tyfu bwyd neu weithio i ennill arian).

Ac am doiledau ... maen nhw'n foethusrwydd! Does gan lawer o bobol ddim mynediad i dŷ bach gweddus sy'n gweithio. Roedd gan bentref Ungwa doiled budur iawn, felly roedd pobol yn gwneud beth oedd raid yn y gwylltir a amgylchynai'r pentref. Roedd pobol yn mynd yn sâl yn hawdd a doedd o ddim yn ddiogel.

Mae yna ateb. Yn union fel y biniau'n gynharach, mi fedri 'efeillio' dy dŷ bach! Mi rwyt ti'n cyfrannu arian ac oherwydd hynny rwyt ti'n derbyn tystysgrif i'w hongian yn dy doiled yn ogystal â llun o'r toiled rwyt ti wedi'i helpu! Efallai y bydd yn wahanol i dy dŷ bach di, ond bydd yn doiled glanach ac yn well, gyda dŵr glanach a gwell, y cyfan diolch i ti. Dos i <www.toilettwinning.org> i ddysgu mwy.

O ia, ac Ungwa? Mae gan ei phentref hi ddŵr glân, diogel, diolch i Tearfund, yr elusen sydd tu ôl i efeillio toiledau (mae newydd ddechrau gefeillio tapiau hefyd!). Mae tŷ bach Ungwa yn dal i edrych yn wahanol i dy dŷ bach di, ond mae ganddo gyfle golchi dwylo 'tippy-tap', a phwll i gael gwared â sbwriel ofnadwy ... a rŵan, gan fod y dŵr wedi gwella, mae ei theulu'n llawer iachach!

Fedri di ysgrifennu gweddi dros Ungwa a phobol debyg iddi?

....

....

....

....

....

#44 PSSST! PASIA FO 'MLAEN

Pwy sydd ddim wrth ei fodd yn cael tegan neu ddilledyn newydd? Ddim ni!

Am ein bod ni'n **Gadwyr y Cread**, rydyn ni'n gwybod (neu rydyn ni'n dysgu) nad ydy rhywbeth newydd bob amser y peth gorau. Y ffaith syml ydy ein bod ni'n defnyddio llawer gormod.

Mae 'defnyddio' yma yn golygu nifer y pethau rydyn ni'n eu prynu, sydd wedi'u gwneud o ddeunyddiau, sy'n dod o'r ddaear, sydd yn defnyddio ynni, ac sydd ag effaith barhaol ar y blaned. Os arafwn ni ein defnydd a phrynu llai, defnyddio llai, fyddwn ni ddim yn cael effaith mor wael ar fyd Duw.

Wyt ti wedi cael sêl iard erioed? Efallai mai sêl garej, ffair sborion, neu sêl cist car rwyt ti'n ei galw ... neu efallai nad wyt ti am werthu dim – mi fedret ti eu rhoi nhw. Gwisg ysgol, teganau, gemau, esgidiau, cotiau ... mae **LLWYTHI** o bethau y medrwn ni eu pasio 'mlaen i bobol eraill.

Yn ddiweddar mi gawson ni sesiwn glirio **FAWR** gan lenwi bocsus ar focsus efo dillad a theganau roedden ni wedi tyfu drwyddyn nhw. Mi roison ni'r bocsus ar waelod y lôn a rhoi arwydd arnyn nhw 'Helpwch eich hunain!' Roedd yn braf gweld pobol leol yn mynd heibio, yn stopio, edrych, codi eitem, gwenu, mynd â fo adref a chael defnydd newydd o'n pethau ni. (Oedden, mi roedden ni'n sbïo drwy'r ffenestr yn ddistaw bach!)

Mae Facebook a grwpiau eraill ar lein yn cynnig pethau y mae pobol yn fodlon eu pasio 'mlaen. Mae plant yn tyfu allan o ddillad yn **GYFLYM** ac mi fedr y dillad yna gael eu **CARU** gan bobol eraill!

111

Dw i wedi tyfu allan o'r gôt yma. Mi fedrwn i ei gwerthu neu ei rhoi i rywun.

Gwagia'r pocedi gynta' ... ella y doi di o hyd i fwy o deganau i'w rhoi i bobol eraill!

Rwyt ti hefyd yn arbed arian ac mi fedri wneud pethau da efo'r arian yna!

Efallai nad wyt yn barod i gael gwared ar rai eitemau eto ... ond edrych o dy gwmpas ar dy ddillad, teganau, gemau a llyfrau.

Pan fyddi wedi gorffen efo nhw, i bwy o dy ffrindiau fyddet ti'n eu cynnig?

Mi fedret ti hefyd eu rhoi yn lleol i bobol eraill dwyt ti ddim yn eu hadnabod.

Peth	Pwy fyddai'n hoffi hwn?	Os na fydd y person yna ei eisiau ... ?
Crys sbotiog	Fy ffrind Dafydd	Siop elusen

COED, COED A MWY O GOED

Mae coed yn wych. Ble bydden ni heb goed? Wel, fydden ni ddim yma. Mae coed yn cynhyrchu ocsigen rydyn ni'n ei anadlu. Maen nhw yn amsugno deuocsid carbon, sydd hefyd yn gymwynas fawr. Go dda'r coed.

Oeddet ti'n gwybod bod dros **3 TRILIWN** o goed ar y Blaned Ddaear? Maen nhw'n gorchuddio un rhan o dair o'r blaned! Ond mae hynny'n dipyn llai nag oedd ac mi rydyn ni'n creu problemau mawr i'r blaned wrth dorri cymaint ohonyn nhw.

Mae'r Beibl yn dechrau efo coeden ac yn diweddu efo coeden – ac mae llawer o goed yn y canol hefyd!

Mae'r coed hynaf yn y byd tua 4,000 o flynyddoedd oed! Mae hynny'n golygu bod yna goed yn dal yn fyw ac yn tyfu heddiw oedd dros fil o flynyddoedd oed *pan gafodd Iesu ei eni!*

Meddwl. Ffrwydro.

Gwerthfawroga dy goed! Mae hynny'n cynnwys y brigau maen nhw'n eu tyfu, y tir maen nhw ynddo, y gwreiddiau rwyt yn medru neu'n methu eu gweld. Beth am y pridd rydyn ni'n tyfu ein cnydau a phlanhigion eraill ynddo? Mae o i gyd yn wironeddol ryfeddol.

HELPA'R COED!

Pryna nwyddau papur wedi'u hailgylchu – papur tŷ bach, papur cegin. Meddwl yn greadigol am bapur lapio, sydd yn aml iawn yn amhosibl ei ailgylchu.

Os wyt ti'n prynu rhywbeth wedi'i wneud o goed, edrych am y logo FSC (Forest Stewardship Council) neu gofyn o ble mae'r coedyn wedi dod. Dydy defnyddio coed sydd wedi'u gwirio gan FSC ddim yn mynd i ddifetha coedwigoedd y byd.

Mae'n werth gwneud newidiadau bychain pan fyddwn yn siopa er mwyn cymryd gofal o'n planhigion, ein pridd ... a'n coed cryfion, **GWYCH** ac yn aml anhygoel o **heeeeeeeen**.

BWYDA'R ADAR

Rwyt ti eisiau croesawu bywyd gwyllt i'r ardd, iawn? (Oherwydd, mewn gwirionedd, gardd Duw ydy hi a bywyd gwyllt Duw.)

Rwyt ti eisiau gwneud hynny mewn ffordd eco-gyfeillgar, iawn? (Oherwydd dydyn ni ddim eisiau niweidio'r byd naturiol pan fyddwn ni'n gwneud pethau.)

Felly, dyma'r dudalen i ti!

Rŵan, mi **FEDRET** ti wneud bocs bwydo adar ... ond mae llawer ohonyn nhw yn defnyddio hen boteli neu duniau. Dydy o ddim yn beth da cymysgu deunyddiau artiffisial efo natur. Beth bynnag, rydyn ni'n SIŴR nad oes gen ti hen boteli plastig unwaith yn dy gartref ... iawn? Rwyt ti'n Gadwr y Cread mor dda!

Yn lle hynny dyma sut i **WNEUD DY BELI SAIM** dy hunan er mwyn dod â'r adar i gyd i'r un lle.

CYNHWYSION

- Olew coginio llysieuol, lard neu siwet
- Cymysgedd hadau adar
- Llinyn

1. Rho 1 mesur o'r olew/lard/siwet efo 2 fesur o'r hadau adar mewn sosban a'i gynhesu. Tro fo'n ysgafn nes ei fod wedi toddi.

2. Gan ddefnyddio sgŵp hufen iâ neu lwy (oherwydd mi fydd yn boeth), llunia'r gymysgedd yn beli – cymaint o beli ag wyt ti eisiau. Dylet gael help oedolyn.

3. Gan ddefnyddio pren tenau neu bensil, gwna dyllau trwy'r peli saim. Rho'r llinyn trwyddyn nhw.

4. Rho nhw ar wahân ar hambwrdd ac, unwaith y byddan nhw wedi oeri, rho nhw yn y rhewgell, gan wneud yn siŵr nad ydyn nhw'n cyffwrdd ei gilydd.

5. Unwaith y byddan nhw wedi rhewi, cei fynd â nhw allan i dy ardd a dod o hyd i'r lleoedd gorau i'w hongian nhw.

Maen nhw'n edrych yn ddigon da i'w bwyta ...

Fyddwn i ddim! Gad nhw i'r adar.

Bon appetit, adar bach!

#47 ▸CLYBIAU CREFFT CLYFAR

Wyt ti'n aelod o unrhyw glwb? Rhai ar ôl ysgol neu dros y Sul? Efallai dy fod yn mynd i glwb chwaraeon neu i'r Urdd, Clwb Ffermwyr Ifanc, Clwb Capel, Beavers, Cubs, Sgowtiaid, Brownies, clwb celf, clwb crefft ...

Mae pethau y medr dy glybiau a dy grwpiau di eu gwneud i helpu i ofalu am y blaned – fel yn y cartref ac yn yr ysgol.

Tri pheth i feddwl amdanynt

1. **Teithio** Sut wyt ti'n cyrraedd y clwb? Cerdded, seiclo, trafnidiaeth gyhoeddus, gyrru? Mae'r tri dewis cyntaf yn dda iawn i'r blaned wrth gwrs.

2. **Pethau** Os oes celf a chrefft yn rhan ohono, ydy dy glwb di'n defnyddio glitter neu bapur sgleiniog? Fedrwn ni ddim ailgylchu llawer iawn o'r pethau yma ac mae'r darnau bach sydd dros ben yn aml yn cael eu taflu. A fedrai'r clwb fod **YR UN MOR GREADIGOL** efo nwyddau naturiol? Os wyt ti'n gwneud crefft, meddwl am gerrig, blodau, moch coed, plu ... Beth fedrai dy glwb di ei ddefnyddio nad ydy o'n costio'r Ddaear?

3. **Testunau** Mae gan rai clybiau fathodynnau neu wobrau i anelu atyn nhw, neu sesiynau ar thema. Efallai y byddai'n bosibl dewis amddiffyn y blaned fel un testun? Sgwrsia efo dy arweinwyr ynglŷn â chynnwys rhai gweithgareddau amgylcheddol. Beth fedrwch chi ei wneud, fel grŵp, i helpu gyda'r materion sydd yn cyfrif i ti? Fedrech chi:

- lanhau'r parc
- dysgu mwy am newid hinsawdd
- helpu i amddiffyn anifeiliaid?

Yma gwna restr o'r syniadau eraill sydd gen ti, dy hoff rai, i Gadw'r Cread:

....

....

....

....

....

A dos â nhw i'th arweinydd!

Roeddwn i'n 'Beaver' a rŵan rydw i'n 'Cub'. Mae'r ddau wedi'u henwi ar ôl anifeiliaid!

Yn fy nosbarth dawnsio, rydyn ni'n dysgu sut i symud fel anifeiliaid. Mae'n fy helpu i feddwl mwy am greadigaeth wych Duw.

#48 ANIFEILIAID ANWES

'Mae pobol dda yn gofalu am eu hanifeiliaid'.

Dyna ddywed y Beibl yn Diarhebion 12.10. Mae pobol dda, cyfiawn yn edrych ar ôl yr anifeiliaid yn eu gofal.

I lawer ohonom, golyga hynny anifeiliaid anwes! Oes gen ti gath neu gi, bochdew neu bysgodyn aur? Faint o ofal wyt ti'n ei roi i'th anifeiliaid anwes? Ar wahân i'w mwytho bob hyn a hyn (wel, dw i ddim yn siŵr a oes rhywun yn mwytho pysgodyn aur). Wyt ti'n mynd â nhw am dro, eu cribo nhw os ydyn nhw angen hynny (eto – dim y pysgodyn aur), gwneud yn siŵr eu bod yn lân ac iach? Ydy dy anifail anwes yn ddim ond anifail sydd yn byw efo chi neu wyt ti'n cymryd rhan weithredol yn y gofal mae o'n ei gael?

Does gen i ddim anifail anwes ... ond mi fedra i wneud yn siŵr fy mod i'n gofalu am yr anifeiliaid fydda i'n gyfarfod.

Medri! P'un ai fy nghi i ydy o, neu aderyn yn dy ardd neu'r pryf genwair sydd yn byw tu allan i ffenestr dy ystafell wely ...

Mae'r Beibl yn dechrau efo'r stori am Dduw yn rhoi'r dyn a'r ddynes gyntaf yng Ngardd Eden. Mae'n dweud wrthym am ofalu am yr anifeiliaid ... mae fel petaen ni'n dal yno! Yn union fel mae Duw yn gofalu amdanom ni, mi ddylem ni ofalu am yr anifeiliaid a roddodd i ni.

Cofia hefyd ei bod yn llawer gwell i rai anifeiliaid fod yn byw yn eu cynefinoedd naturiol. Ddylai pob anifail ddim bod yn anifail anwes. Hefyd, os wyt yn prynu anifail anwes, gwna'n siŵr fod dy oedolion yn gwybod y dylen nhw ei gael o'r lle iawn. Mae yna ffyrdd cyfrifol, da o gael anifail anwes (rhoi cartref newydd i gath strae efallai) ac mae ffyrdd eraill heb fod cystal (cofia osgoi ffermydd cŵn bach).

O, a cymer ofal efo bwyd anifeiliaid anwes hefyd! Dylet osgoi bwydydd sydd â chynhwysion oddi ar ffermydd ffatri ynddyn nhw, wedi'u profi ar anifeiliaid neu'n cynnwys olew palmwydd. Mae'n bosibl i anifeiliaid fwyta'n gydwybodol, jyst fel ni!

TYNNA LUN O'TH ANIFAIL ANWES PERFFAITH

Yna, o'i gwmpas, pa bethau eraill rwyt ti eu hangen i ofalu amdano?

Bwyd? Coler? Dŵr glân? Gwely/acwariwm/pwll?

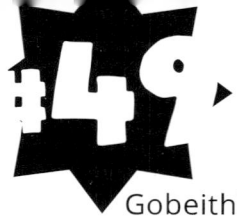

#49 ▸ LLUNIO EFO LLANAST

Gobeithio nad oes gen ti lawer o lanast gartref!

Os oes gen ti rywfaint, cyn i ti ei roi yn y bin ailgylchu, fyddai'n bosibl i ti ei lunio yn rhywbeth arall?

Pam prynu castell plastig ... pan fedri wneud un efo paced grawnfwyd?

Pam prynu theatr tegan ... pan fedri wneud un efo bocs esgidiau?

Pam prynu set fowlio ... pan fedri wneud pinnau bowlio efo canol papur cegin a phêl efo bandiau rwber?

Tiwbiau cardfwrdd papur toiled neu garton llefrith ... mae'n bosibl fod ein teganau a'n gemau nesaf ni yn eistedd yn yr oergell neu'r cwpwrdd, yn aros am gael eu troi yn rhywbeth ...

... ond maen nhw braidd yn brysur ar hyn o bryd yn dal ein diodydd a'n papur toiled!

Wrth gwrs – os medrwch chi – cyfyngwch ar eich sbwriel yn y cartref beth bynnag. Mae'n bosibl fod pacedi grawnfwyd yn perthyn i'r gorffennol os ydych chi'n ail-lenwi cynhwysydd. Cawn laaaaaawer gormod o bapur a chardfwrdd yn y post pan fydd parseli'n cael eu danfon, ond gobeithio y bydd cwmnïau yn gwella ar hyn yn y dyfodol.

Felly, efallai y bydd llai o sbwriel yn casglu yn ein tai? Rydyn ni'n gobeithio hynny!

Fel Cadwr y Cread, llunia dy sbwriel mor eco-gyfeillgar â phosibl:

- **Os wyt ti'n addurno dy fodel sbwriel, meddwl am ddeunydd naturiol: cerrig a blodau, efallai, yn lle glitter a sticeri (na fedri di eu hailgylchu)**

- **Defnyddia bensiliau neu binnau ffelt i liwio, os oes angen, yn lle paent**

- **Wedi i ti orffen dy gampwaith o fodel sbwriel, mwynha fo ... ond gwna'n siŵr y medri di ei ailgylchu yr un mor hawdd â phan oedd yn focs grawnfwyd neu'n gardfwrdd papur toiled (mae'n reit anodd ailgylchu rhywbeth rwyt ti wedi'i orchuddio â thâp gludiog a glitter a phaent ac wedi'i orffen efo uncorn plastig!)**

Hmm ... beth droi di'n beth?

Dechreua fodelu dy sbwriel – pob hwyl!

#50 ▸ SYLLWCH AR Y SGRÎN

Ar y dudalen hon, dydyn ni **DDIM** yn mynd i ddweud wrthyt ti am ddiffodd dy sgriniau. Dydyn ni **DDIM** yn mynd i ddweud wrthyt ti am roi dy dabled na dy gyfrifiadur i lawr a mynd allan i chwarae. Rydyn ni'n mynd i ddweud ...

PAID Â'I DDIFFODD O!

... ond treulia ychydig o amser arno yn meddwl am y blaned.

Mae **LLAWER** o appiau a gemau fedr ein helpu i werthfawrogi ein planed yn well.

Efallai dy fod yn chwarae Minecraft, Blockcraft, Planetcraft, Sim City neu unrhyw un o'r gemau adeiladu-byd sydd yn bod. Meddwl am yr hyn rwyt ti'n ei adeiladu – o dai i ddinasoedd – a sut mae hynny'n ffitio ochr yn ochr â natur. Mae rhai gemau yn dangos i ti wir effaith adeiladu dinas ar y byd naturiol. Yn Sim City, mi fedri ddylunio dinas gan ddefnyddio dewis o ynni cynaliadwy: solar, ffermydd gwynt, gwres y ddaear ... ac mi fedri weld effeithiau llygredd os bydd dy ddinas yn mynd yn rhy fawr. Yn Minecraft, mi fedri ddewis creu byd eco-gyfeillgar heb ddim llygredd ... neu mi fedri greu peryglon! Beth ddewisi di?

Mae llawer o ddylunwyr gemau fideo wedi dechrau 'Chwarae am y Blaned' – gemau fel Angry Birds 2, Subway Surfers a Golf Clash sydd erbyn hyn yn cynnwys gemau byr a negeseuon am ofalu am yr amgylchedd.

Mi fedri hefyd ddysgu, darllen ac ymestyn dy feddwl. Eistedd gydag oedolyn a chael ateb i dy holl gwestiynau ar <www.dkfindout.com> – mae'n wyddoniadur ar lein gwych, yn arbennig i blant, yn cynnwys llawer o erthyglau am wyddoniaeth, natur **A PHOB DIM ARALL!**

Mi fydda i bob amser yn gofyn i fy rhieni cyn edrych ar ddim ar lein.

A finna. Hynny ydy, dw i'n gofyn i fy rhieni i. Dw i ddim yn gofyn i dy rai di.

Os ydych chi fel teulu yn gwylio'r teledu, beth am raglen am fywyd gwyllt? Mae rhai i blant, fel sioeau teledu Steve Backshall, a rhai ar gyfer oedolion hefyd, fel *Planet Earth* neu *Blue Planet* David Attenborough a rhaglenni Iolo Williams yn Gymraeg a Saesneg. Cadw lygad am *Springwatch* ac *Autumnwatch* lle cei raglenni byw yn dweud wrthyt pa natur weli di yn yr ardd **Y FUNUD HON!**

Pa fath o raglen deledu am y blaned fyddet TI yn ei gwneud?

Beth ydy teitl y rhaglen?

....

Pwy fyddai'n ei chyflwyno? Efallai mai ti neu rywun rwyt ti'n hoffi ar y teledu?

....

Ym mha ran o'r byd y byddai hi wedi'i lleoli?

....

Ydy hi'n rhoi sylw arbennig i anifeiliaid, neu i blanhigion?

....

Pa neges wyt ti am i'r gwylwyr ei derbyn?

....

....

....

5 ▸CASGLU FFRWYTHAU A LLYSIAU

O ganolfannau garddio i ffermydd, mae casglu dy ffrwythau a'th lysiau dy hunan yn ffordd dda iawn o, y, wel ... gasglu dy ffrwythau a'th lysiau dy hunan! Yn y Beibl – Llyfr y Pregethwr, pennod 3 – dywedir 'Mae amser wedi ei bennu i bopeth, amser penodol i bopeth sy'n digwydd yn y byd', ac y mae! A dweud y gwir, os ymweli di â man sy'n gweithredu 'casglu dy hunan', fe weli ffrwythau a llysiau gwahanol yno ar adegau gwahanol o'r flwyddyn.

Mi fedri weld o ble mae dy fwyd yn dod a bod yn rhan o'i siwrnai o'r giât i'r plât ... o'r tir i'r tŷ ... o'r baw i'r bwrdd ...

Rwyt ti'n casglu, yn pwyso, yn talu, mynd adref, ac yn bwyta. Iym!

> Mi fedrwn ni gasglu asbaragws ym Mai, mefus ym Mehefin, mafon a thatws yn yr haf, afalau a thomatos ym Medi a Hydref, bresych yn Nhachwedd ...

> Rydw i wrth fy modd efo pwmpenni yn yr hydref – ac yna coeden Nadolig ym mis Rhagfyr! Ond ddim i'w bwyta, cofia.

Mae Genesis 8.22 yn dweud, 'Tra mae'r byd yn bod, bydd amser i blannu a chasglu'r cynhaeaf; bydd tywydd oer a thywydd poeth, haf a gaeaf, nos a dydd.' Gwnaeth Duw i'r rhain ddigwydd – ac mi fedrwn eu gweld a'u teimlo a'u cyffwrdd, a sylweddoli ei fod i gyd yn rhan o'r bwyd rydyn ni'n ei fwyta. Yn siŵr i ti, fel mae'r flwyddyn yn mynd yn ei blaen, mae'r tywydd yn newid ac mae bwydydd gwahanol yn tyfu, felly fyddi di byth yn dod â'r un danteithion adref o ddwy siwrnai wahanol i'r man 'casglu dy hunan'!

BE' TI'N GASGLU?

... a sut ffindist ti o?

	Disgrifia fo	Enwa fo
Beth oedd y mwyaf pigog i'w gasglu?		
Y llysieuyn/ffrwyth trymaf ?		
Beth oedd ddim yn barod eto?		
Y drutaf ?		
Y lliwiau mwyaf llachar?		
Beth oedd â digonedd ohono?		
Yn edrych fwyaf blasus?		

Fedri di dynnu llun y llysiau a'r ffrwythau yma ar y dudalen nesaf ?

Rŵan bwyta nhw!

#52 NAWR, GWAEDDA!

Nawr dy fod wedi darllen y llyfr yma (neu o leiaf wedi cyrraedd y dudalen olaf, hyd yn oed os nad wyt ti wedi'i ddarllen **I GYD**), beth nesaf?

Wel, dweud. Gwaedda! Gwna'n siŵr dy fod yn gadael i bobol wybod dy farn di am bwysigrwydd amddiffyn planed Duw.

Mi fedret ddweud wrth dy ffrindiau. Rhanna dy hoff dudalen yn y llyfr yma efo tri o dy ffrindiau. Oes un gweithgaredd rwyt ti'n meddwl y bydden nhw hefyd yn mwynhau ei wneud?

Oes un achos neu syniad rwyt ti'n meddwl amdano yn aml? Efallai mai amddiffyn bywyd gwyllt ydy o, atal newid hinsawdd, defnyddio llai o ynni, arbed dŵr ... neu unrhyw beth arall rydyn ni wedi bod yn edrych arno.

Os wyt ti'n poeni llawer am y syniad yma mi fedri ddweud wrth dy ffrindiau amdano. Efallai y byddan nhw'n cael eu hysbrydoli hefyd?

Beth wedyn?

Wel, fedrai'r tri ffrind yna ddweud wrth dri ffrind *arall* ... ac os dywedan nhw wrth dri ffrind arall, yna fe fydd **40 O BOBOL** rŵan yn gwybod peth mor dda ydy bod yn Gadwyr y Cread!

Hyd yn oed os mai efo un person y byddi di'n rhannu'r neges, rwyt ti'n dal i wneud gwahaniaeth. Beth petaet ti'n dweud wrth dy ysgol? Dy athro? Dy ficer/gweinidog?

Dal ati i siarad am amddiffyn planed Duw. Ysgrifenna storïau am fyd natur. Tynna luniau o anifeiliaid yn eu cynefin. Mwya' rwyt ti'n siarad, ysgrifennu, tynnu llun a dweud y stori am beth sy'n rhaid i ni ei wneud, mwya'r gwahaniaeth a wnei di i'r byd.

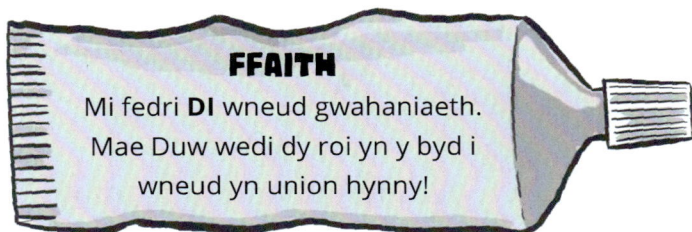

FFAITH

Mi fedri **DI** wneud gwahaniaeth. Mae Duw wedi dy roi yn y byd i wneud yn union hynny!

ADNODDAU

Cafwyd llawer o'r deunydd sydd yn y llyfr hwn o lyfrau Ruth Valerio *L is for Lifestyle* (argraffiad diwygiedig, IVP, 2019) a *Saying Yes to Life* (SPCK, 2019) neu y ffynonellau canlynol.

5 Tacluso'r traethau
<www.sas.org.uk/our-work/plastic-pollution/plastic-pollution-facts-figures>

6 Ffasiwn lanast!
<www.mckinsey.com/business-functions/sustainability/our-insights/style-thats-sustainable-a-new-fast-fashion-formula>

10 Croeso!
<www.unhcr.org/uk/media-centre.html>

11 Taflu'r tanwydd? Na!
<https://wrap.org.uk/sites/default/files/2020-11/Food-surplus-and-waste-in-the-UK-key-facts-Jan-2020.pdf>

22 Dŵr rhithiol
<www.wateraid.org/au/articles/wateraid-report-reveals-nations-with-lowest-access-to-water>

26 Rhestr penblwydd
<www.ellenmacarthurfoundation.org/publications/the-new-plastics-economy-rethinking-the-future-of-plastics-catalysing-action>

31 Bywyd pwll
<www.devon.gov.uk/environment/wildlife/habitats-and-species/ponds-and-wetlands>

45 Coed, coed a mwy o goed
<www.scienceinschool.org/content/world-without-trees>

<http://rmtrr.org/oldlist.htm>